ÉXITO EDITORIAL

Roberto Augusto

ÉXITO EDITORIAL

Guía práctica para escritores

EDITORIAL
LETRA MINÚSCULA

Primera edición: abril de 2024
ISBN: 978-84-10245-05-1
Copyright © 2024 Roberto Augusto
Editado por Editorial Letra Minúscula
www.letraminuscula.com
contacto@letraminuscula.com

Si deseas que Editorial Letra Minúscula te
ayude a publicar tu libro, visita nuestra web:
www.letraminuscula.com

O mándanos un *e-mail* a:
contacto@letraminuscula.com

Índice

PRIMERA PARTE

Consejos para tener éxito

Qué hace un editor de libros

Lo que hace un editor de libros implica una fascinante combinación de creatividad, espíritu crítico y, sobre todo, una inmensa pasión por los libros. Los editores son figuras centrales en el proceso editorial, aunque, en la mayoría de los casos, su trabajo pasa desapercibido para los lectores. Detrás de cada éxito literario se encuentra la paciente labor de uno o más editores. Pero… ¿qué hace en realidad un editor de libros?

Continúa leyendo y conocerás los secretos de esta fascinante profesión.

Qué hacen los editores de libros

En líneas generales, los editores profesionales garantizan la calidad de las publicaciones literarias. En el modelo editorial tradicional, cuando un autor termina de escribir su libro, acude a un editor para publicarlo.

La figura clásica del editor de libros ha cambiado muchísimo durante las últimas décadas. En tiempos antiguos, el editor era una pieza indispensable de todo proceso editorial. En otras palabras, sin editor no había libro, salvo que el propio autor decidiera montar una editorial por su cuenta, lo cual era (y sigue siendo) complicado.

El editor de libros tradicional decidía si un libro iba a publicarse o no. Entonces, si teníamos la suerte de salir elegidos, el editor nos acompañaba durante todo el proceso, a veces imponiendo su criterio sobre nuestros deseos.

El rol del editor de libros se ha transformado de manera notable. Hoy, el editor profesional es, ante todo, un facilitador, alguien que te ayuda a hacer realidad tu libro brindándote las mejores opciones para resolver cada parte del proceso.

Según el *Diccionario de la lengua española*, el editor es la persona encargada de publicar un libro. También se considera editor al que coordina la publicación de una obra colectiva.

Los orígenes de la profesión de editor se remontan al Renacimiento. El editor humanista Aldo Manucio fue un personaje clave en la concepción del mercado editorial moderno.

El trabajo de los editores es bastante amplio, sus tareas son muchas y diversas. El editor está presente en todas las etapas del proceso editorial.

Funciones del editor de libros

Resumimos las principales funciones de los editores profesionales.

#1. Seleccionar libros

Este es el trabajo característico de los editores tradicionales. En las editoriales pequeñas, el editor revisa todos los manuscritos que llegan y elige qué libros se publicarán y cuáles no. En las grandes editoriales, los editores reciben libros que ya fueron revisados y seleccionados por lectores beta y otros trabajadores del mundo literario. Los editores modernos podemos ayudarte a mejorar la calidad de tu libro y darte las mejores opciones para publicar por ti mismo, sin intermediarios y conservando todas las ganancias para ti.

#2. Coordinar autores

Este es el trabajo clásico de los editores en universidades y otras instituciones vinculadas a la vida académica. Cuando varios autores se reúnen para publicar un libro de diversos artículos sobre un mismo tema, lo más normal es que acudan a un editor que coordine la edición.

¿Alguna vez viste un libro que tuviera la abreviatura «ed.» entre los nombres de los autores? Pues bien, ese libro contó con un coordinador, alguien que articuló el trabajo poniéndose en contacto con cada escritor para que la publicación fuera óptima. Los editores coordinadores de publicaciones académicas suelen escribir el prólogo de los libros que editan.

#3. Supervisar correcciones y traducciones

Esta es una tarea de los editores un tanto desconocida. El proceso de producción de un libro tiene muchos pasos importantes, entre ellos, la corrección de estilo. Si se trata de una obra en lengua extranjera, además, se añade un paso extra: la traducción.

Tanto la corrección como la traducción son etapas sensibles en la publicación de un libro. Muchos editores tienen la importante misión de controlar que estas tareas se resuelvan de manera correcta. En otras palabras, los editores revisan correcciones y traducciones para garantizar su calidad.

#4. Buscar nuevos talentos literarios

Esta es otra tarea clásica de los editores de libros. Algunas editoriales tienen verdaderos equipos de editores cazatalentos dedicados a buscar autores en crecimiento y ofrecerles un trato comercial. La publicación de *bestsellers* es un negocio inmenso y las editoriales que logran fichar autores populares obtienen importantes ganancias. Los editores que buscan nuevos talentos literarios son expertos con muchos años de experiencia, avezados profesionales de la industria editorial.

#5. Buscar temas para posibles libros

A veces, los editores encaran el proceso editorial enfocándose en el resultado final. ¿Qué quiere decir esto? Pues, quiere decir que algunos editores planean todas las características de un libro antes de comenzar a crearlo.

Entonces, en lugar de recibir manuscritos de libros ya hechos, estos editores diseñan un libro que será escrito después. Eligen el tema, el nicho literario, el público objetivo y el tipo de lenguaje (entre otras características) para que un escritor fantasma de la editorial se encargue de escribir el libro. Esto es común en editoriales multinacionales.

#6. Selección de títulos, colecciones y portadas

Otra tarea interesantísima que tienen los editores es elegir los libros que conformarán una colección literaria. Por ejemplo, si una editorial quiere lanzar una colección de libros de ciencia ficción, el editor es el encargado de seleccionar los autores y las obras que conformarán la serie siguiendo criterios literarios y comerciales.

La creación y la selección de portadas, por su parte, son hechos cruciales que podrían llegar a decidir el éxito o el fracaso de un libro.

#7. Marketing editorial

Si quieres que muchas personas lean tu libro, tienes que convencerte de una verdad que incomoda a algunos escritores: los libros son productos comerciales. En general, el libro que se lee es el libro que se vende.

Los editores tienen un criterio que excede lo literario y toma en cuenta las posibilidades de éxito comercial que tiene un libro. Algunas obras literarias están a un paso de convertirse en favoritas del público y basta con un informe de lectura certero para transformar ese potencial en realidad.

Habilidades de un editor de libros

No todos los editores se desempeñan en la misma área de trabajo. Hay algunos dedicados a la selección de libros, otros que se ocupan de revisar traducciones y correcciones, otros enfocados en las ventas, etc. Sin embargo, todos ellos tienen ciertas habilidades básicas entre las que se destacan las siguientes:

#1. Formación literaria

No puedes ser editor si no sabes nada de libros. Los editores profesionales suelen ser grandes bibliófilos y tienen profundos conocimientos del mundo literario. Algunos son autodidactas, otros son profesionales universitarios, pero todos saben mucho de literatura.

#2. Experiencia en edición de libros

Un buen editor es una persona que ha editado muchos libros. La experiencia no solo tiene que ver con las habilidades técnicas necesarias para publicar: también abarca el trato con autores, correctores, diseñadores y otros profesionales del campo literario. En otras palabras, un editor sabe cómo funciona el mercado editorial en todas sus partes.

#3. Conocimientos de marketing

Algunos autores pecan de inocentes al creer que, para tener éxito, basta con escribir un buen libro. La escritura de la obra en sí misma es tan solo el primer paso en el largo camino del crecimiento literario. Sin una buena difusión, sin una comunicación eficaz con el público que asegure el *engagement*, los libros están condenados a no despegar jamás. En cambio, si haces una buena labor de marketing, conseguirás cautivar a tu audiencia y conseguir compradores para tu libro.

Trabajar como editor

Como verás, llegar a ser editor de libros no es algo que se logre en poco tiempo. Para ser editor no es suficiente hacer un curso o una carrera universitaria de gestión editorial. El editor no es un teórico de la edición: todo lo contrario, es un profesional proactivo, alguien que hace que las cosas sucedan, es decir, alguien con espíritu práctico para resolver problemas y hacer realidad los proyectos literarios.

Para trabajar en una editorial debes encontrar tu lugar ideal. Todas las personas tenemos más predisposición para unas tareas que para otras. Entonces, si te gusta la literatura, si eres amante de las historias de ficción, puedes revisar y seleccionar manuscritos. Si tus habilidades se inclinan más hacia lo social, puedes dedicarte a la atención personalizada de autores para gestionar sus proyectos literarios. Y, si lo tuyo son las ventas, quizás puedas conseguir un lugar en el área de marketing de una editorial.

Trabajar como editor de libros es una tarea multifacética que abarca todos los aspectos del proceso editorial. En la actualidad, las editoriales grandes son empresas divididas en secciones, cada una de las cuales se encarga de una parte específica del trabajo.

Cómo enviar un libro a una editorial

Enviar un libro a una editorial parece algo fácil de hacer y, de hecho, lo es. Para mandar tu libro a una editorial solo debes ponerlo como archivo adjunto en un correo electrónico y listo, tu libro ya está enviado.

Ahora bien, enviar el manuscrito de un libro a una editorial no significa que alguien vaya a leerlo y a responderte. Piénsalo de manera objetiva: las editoriales (sobre todo las grandes) reciben decenas o cientos de libros al día, y revisar todo ese material requiere horas de trabajo, es decir, cuesta dinero.

La verdadera pregunta que intentaremos responder en este capítulo no es cómo enviar el manuscrito de un libro a una editorial, sino cómo hacer que esa editorial se interese en nuestra obra y nos tome en serio como autores.

Continúa leyendo y conocerás las mejores estrategias para enviar tu libro a una editorial y conseguir que los editores lo lean.

Presentar un libro a una editorial

Enviar nuestro libro a una editorial es algo que, como escritores, nos hace muchísima ilusión. Todos los autores recordamos la primera vez que mandamos nuestra obra a una editorial, y muchos de nosotros recordamos también la sensación que tuvimos cuando nos rechazaron o cuando nos ignoraron por completo. Frente a esta situación, muchos escritores comienzan a dudar de su talento. Algunos sienten con fuerza el rechazo y dejan de escribir.

Es verdad que los editores pueden rechazar tu libro porque no les ha gustado, aunque también es probable que lo rechacen sin siquiera haberlo leído. ¿Por qué? Pues, porque no conseguiste despertar su interés en lo que escribiste. En otras palabras, el envío de un libro a una editorial es, ante todo, un problema de comunicación, es algo que va más allá del contenido de la obra en sí.

Las editoriales son industrias culturales y, como toda industria, tienen estándares de calidad. Un editor inteligente estará siempre dispuesto a recibir el manuscrito de un buen libro y nosotros, como autores, tenemos la responsabilidad de presentar bien nuestro envío.

«¿Quién envía este libro?», se pregunta el editor. Las respuestas posibles son dos: lo envía un escritor consagrado, con reputación y experiencia, o lo envía un escritor desconocido. Entonces, si ya escribiste otros libros, si ya tienes una carrera literaria en marcha, dilo cuanto antes, preséntate como autor. Y, si este es tu primer libro, también debes asumirte como escritor y presentarte como tal. Puedes hablar de tus influencias, de tu estilo, de tu formación profesional y de otros aspectos de ti que consideres relevantes para el editor.

Cuidado: no compartas información superflua, recuerda que envías ese correo con un objetivo concreto, no para hacer nuevos amigos.

¿Cómo enviarles el manuscrito de tu libro?

¿Cómo se envía un libro a una editorial? Parece una pregunta con respuesta obvia, aunque vale la pena hacer algunas aclaraciones. Las opciones básicas son tres: correo postal, correo electrónico o entrega personal «en mano». La opción más habitual suele ser la segunda, por razones prácticas. Un envío físico cuesta dinero, demora cierto tiempo y requiere espacio para almacenarse, algo que muchas editoriales no tienen. En algunos casos, los editores aclaran que no recibirán ningún manuscrito en formato físico y, si algún autor les envía su libro de esa manera, lo desechan en el acto.

Enviar un manuscrito a Editorial Planeta, a Penguin Random House o a cualquier otro sello de prestigio puede ser tan tentador como inútil. Tienes que saber que no todas las editoriales aceptan manuscritos de escritores en general, algunas solo reciben textos por medio de agencias literarias. Saber esto te evitará incómodos rechazos y, sobre todo, te permitirá invertir tu tiempo en acciones de verdad útiles para difundir tu trabajo literario.

Mejores editoriales de libros

La lista de las mejores editoriales puede hacerse de muchas maneras. Algunos autores piensan que las mejores editoriales son las que venden más libros, otros creen que son las que publican a sus autores favoritos.

Podríamos discutir sobre este tema por horas y horas sin llegar a ponernos de acuerdo jamás. Sin embargo, más allá de la opinión personal de cada escritor, la mejor editorial es la que mejor se adapta a nuestras necesidades literarias.

Por ejemplo, si una editorial te ofrece un paquete cerrado de servicios y no te permite contratar por separado la corrección, el maquetado y el diseño de portada, quizás te convendría buscar otra editorial, una que ofrezca los mismos servicios de manera individual.

Ahora te daremos una serie de consejos prácticos para enviar tu libro a una editorial de manera exitosa. Antes de continuar leyendo tienes que saber algo fundamental, el verdadero quid de la cuestión: las editoras de libros son empresas enfocadas en obtener ganancias. Entonces, al enviar tu libro a una editorial, no pienses en ella como si fuera un centro cultural público o una organización benéfica, porque no lo es.

Consejos para enviar un libro a una editorial

¿Vas a enviar tu libro a una editorial? Estos consejos han probado su eficacia.

#1. Buscar editoriales que encajen con tu libro

El primer error que cometen los autores independientes al mandar su obra a una editorial es no saber qué tipo de libros se publican en ese sello. Si escribes novela rosa, ¿te parece bien enviar el manuscrito de tu libro a una editorial especializada en ingeniería aeronáutica? Tómate el tiempo necesario para conocer otros títulos de la editorial en la que quieres publicar.

#2. Enviar la ficha técnica de un libro a una editorial

Esta es la mejor carta de presentación que puedes escribir. Elabora una ficha técnica con las principales características de tu libro: título y subtítulo, temática, género, lector ideal, cantidad de caracteres, sinopsis, etc. Si haces un buen trabajo, comunicarás el mensaje de tu libro de forma directa, en el mismo «idioma» que hablan los editores, y podrías comenzar a despertar su interés en lo que escribiste.

#3. Presentarse ante una editorial

Además de presentar tu libro, debes presentarte a ti mismo como autor. No tengas ningún reparo en decir que eres escritor. Si tú mismo no estás convencido de ello, ¿qué queda para los editores?

#4. No enviar todo el libro a la editorial

Una estrategia que funciona bien para enviar un libro a una editorial es hacer una selección con las mejores partes del texto y mandar solo esos fragmentos acompañados de la ficha técnica y la presentación personal del autor. Un escritor que sabe comunicar el contenido de su libro con eficacia deja una buena impresión en los editores.

#5. Registrar un libro antes de enviarlo a la editorial

Lo mejor es registrar la propiedad intelectual de tu libro antes de enviarlo a una editorial. Es un trámite sencillo que podría evitarte dolores de cabeza.

#6. Hay que tener paciencia

Algunos autores envían su libro a una editorial y, al ver que después de una semana no obtienen respuesta, comienzan a pensar que jamás aceptarán su manuscrito. ¡Calma! Una semana es poco tiempo para revisar un manuscrito, sobre todo cuando recibes quince por día. Las editoriales serias tienen protocolos para estos casos. Es probable que recibas una respuesta automática nada más enviar tu manuscrito. Léela con atención. El tiempo de respuesta varía de una editorial a otra y, en ciertos casos, ni siquiera se toman la molestia de responder sobre manuscritos rechazados.

Si, después de varios meses, te cansas de esperar, puedes escribir de nuevo a la editorial preguntando por tu manuscrito. Considera que, a estas alturas, las probabilidades de ser rechazado son bastante altas.

#7. Conocer el potencial comercial de un libro

Para tentar a una editorial, una buena estrategia es mostrar una oportunidad real de negocio. Si tienes muchos seguidores en tus redes sociales de escritor, pon los enlaces junto al manuscrito de tu libro. O, por ejemplo, si quieres publicar un libro técnico para alumnos de una universidad, también es importante decir que ya cuentas con ese público potencial. Cuando el editor advierta que tienes una audiencia propia, comenzará a ver tu libro con buenos ojos.

#8. Enviar biografía de autor a una editorial

Presta atención a este punto: tu biografía debe ser «de autor», es decir, sobre tu carrera literaria. No agregues información que no tenga nada que ver con tu obra. Piénsate a ti mismo como escritor y descríbete lo mejor que puedas teniendo en cuenta tu estilo, tu formación y tu trayectoria.

#9. No siempre es la mejor opción

Algunos autores creen que, una vez que la editorial acepta su manuscrito, su trabajo terminó. La editorial suele encargarse de todo el proceso de publicación, aunque su marketing a veces deja bastante que desear.

Muchos autores se quejan porque, después de vender doscientos ejemplares (y amortizar el coste), la editorial deja de prestarles atención. ¡No te duermas en los laureles! Encárgate de difundir tu libro por tu cuenta y, cuando termine el contrato con la editorial, busca mejores opciones para publicar.

Contrato de edición

Si estás a punto de publicar un libro con una editorial, es probable que tengas dudas sobre el contrato de edición.

¿Qué significa firmar un contrato de edición? ¿Qué aspectos importantes deberías tener en cuenta para evitar estafas editoriales? ¿Cómo se hace un contrato de edición?

Continúa leyendo y conocerás las principales características de un contrato editorial con auténtico valor legal.

Qué es el contrato de edición

El contrato de edición es un acuerdo legal por medio del cual el autor o sus derechohabientes (herederos, apoderados legales, etc.) le ceden a un editor el derecho de reproducir y vender una obra literaria a cambio de una compensación económica.

El editor se compromete a realizar estas acciones por su cuenta y riesgo, respetando las condiciones pactadas y lo dispuesto en la ley correspondiente.

En España, los contratos de edición están regulados por la Ley de Propiedad Intelectual, que establece con claridad los derechos y obligaciones del autor y del editor.

Contratos de edición en la Ley de Propiedad Intelectual

Conocer el texto de esta ley es importante para asegurarte de que vas a firmar un contrato legítimo, con validez real. Ninguna editorial puede obligarte a firmar un contrato que sea contrario a la ley porque las leyes están siempre por encima de cualquier acuerdo entre personas físicas o jurídicas.

En un contrato editorial, el editor tiene las siguientes obligaciones:

#1. Reproducir la obra tal como se acordó con el autor

El editor no puede introducir cambios de última hora u otras modificaciones sin la autorización expresa del escritor.

#2. Facilitar pruebas de impresión al autor

Salvo que se haya pactado lo contrario, el editor debe mostrar pruebas de cómo será la impresión definitiva de la obra para que el autor pueda revisarlas y controlar que se han respetado sus indicaciones.

#3. Distribuir la obra según lo convenido

La distribución del libro debe hacerse conforme a los plazos estipulados y en las condiciones acordadas. El editor también se compromete a distribuir la obra según los usos habituales del sector editorial. Esto quiere decir que tu libro debe ponerse en circulación y venderse como cualquier otro libro del mercado. Si esto no sucede, algo anda mal.

#4. Pagar al autor la remuneración estipulada

Si el contrato dice que van a pagarte el 10 % de las regalías por ventas, o 2000 € al mes, o cualquier otra suma o porcentaje, el pago no puede ser menor a esa cantidad. También deben pagarte en los plazos que fueron acordados: una vez al mes, cada año, etc.

#5. Restituir al autor el original de la obra

Esta obligación tenía más sentido en tiempos antiguos, cuando los originales de una obra literaria eran textos en formato físico. Sin embargo, en la actualidad tienes el derecho de pedirle al editor que, una vez terminado el contrato, borre todos los archivos de tu libro y no se quede con copias en ningún formato.

Obligaciones del autor en un contrato de edición

Ahora veremos las obligaciones del autor en un contrato de edición.

#1. Entregar la obra al editor en tiempo y forma

Esta obligación suele ser el terror de muchos escritores, que se comprometen a escribir un libro en cierta cantidad de tiempo y a veces no pueden cumplir con el plazo estipulado.

#2. Responder ante el editor por la autoría de la obra

Esto quiere decir que, si envías tu libro a una editorial, te comprometes a que ese libro sea una creación original (no un plagio) y, si no lo es, corre por tu cuenta tener los derechos correspondientes para publicarlo. Amparado por la ley, el editor confía en tu buena fe y, si llegaran a descubrirse irregularidades en la autoría del texto, tú serás quien deba responder por ellas.

#3. Corregir las pruebas de la tirada

Antes de lanzarse a imprimir 500 o 1000 ejemplares de un libro, los editores realizan pruebas de impresión para asegurarse de que todo esté en orden. Es tu responsabilidad revisar esas pruebas y dar el visto bueno para la impresión de la tirada. Una corrección de estilo profesional puede ayudarte a eliminar todos los errores del texto antes de la publicación.

Contrato de edición: características principales

Los contratos de edición en editoriales tradicionales pueden ser bastante distintos. Sin embargo, todos tienen una serie de características comunes. Veamos cuáles son.

#1. Contrato de edición formal por escrito

Todo contrato de edición se debe formalizar por escrito. Nada debe quedar sobreentendido o darse por dicho. Todo debe estipularse en el contrato, hasta el más mínimo detalle. Esta es la única manera de evitar llevarse sorpresas desagradables. La firma puede ser digital o física, pero debe estar presente en el contrato, debe haber constancia de que ambas partes lo aceptan.

#2. Derechos de explotación comercial de un libro

El contrato de edición debe favorecer a ambas partes. En un contrato de edición tradicional, lo normal es que el editor obtenga sus ganancias mediante la venta de tu libro, llevándose una parte importante de las regalías (dinero que sería para ti, si decides autopublicar). Estos derechos de explotación pueden ser exclusivos del editor o no. El contrato debe aclararlo.

#3. Ámbito territorial

¿Dónde se va a publicar tu libro? ¿Firmarás un contrato que solo afecte la explotación de tu obra en España o en todo el mundo? ¿Qué pasa con los derechos sobre las traducciones de tu libro? El contrato editorial debe responder estas preguntas de manera clara.

#4. El número de ejemplares en un contrato editorial

Los contratos editoriales estipulan el número de ejemplares por edición. En la actualidad, las segundas y terceras ediciones se ven cada vez menos, lo normal es imprimir la primera y, una vez que se agota, imprimir ejemplares bajo demanda.

#5. Forma de distribución de los libros

Un contrato de edición realizado conforme a derecho tiene que decir cómo se distribuirá la obra. Puede ser a través de plataformas de autopublicación, en librerías físicas o de otras maneras. También se debe establecer la cantidad de ejemplares que serán para el autor, para la crítica y para la promoción de la obra.

#6. La lengua o lenguas en que se publicará la obra

Esta característica tiene que ver con el ámbito territorial del contrato de edición de tu libro. Si vas a venderlo en Estados Unidos, sería un gran acierto ofrecerlo en inglés y en español.

#7. Anticipo

El anticipo es un pago para el autor previo a la publicación, independiente del porcentaje de regalías que le corresponde por contrato. Cobrar un anticipo por la edición de un libro es propio de autores reconocidos, aunque cualquier escritor puede negociarlo con la editorial.

#8. La modalidad de la edición

¿Vas a publicar en papel? ¿Tu libro se venderá en *e-book*? Podrías venderlo en ambos formatos y quedarte con los derechos de explotación de uno de ellos. Por ejemplo, puedes firmar un contrato para la distribución del libro en papel por parte de una editorial y vender el *e-book* por tu cuenta.

#9. La remuneración del autor

La ley española dice que deben pagarte al menos el 5 % del precio de venta al público de tu libro. Lo normal es cobrar el 10 %, y puedes recibirlo en dinero o en libros. Si quieres dinero y no libros, haz valer tu decisión.

#10. El plazo para la puesta en circulación de la obra

El contrato de edición debe expresar cuándo estará disponible tu libro. Puede ser una fecha concreta o un plazo contado a partir del día en que entregaste el manuscrito, por ejemplo, tres meses después.

A qué obliga el contrato de edición

El contrato de edición de una obra literaria obliga a ambas partes a respetar las condiciones definidas de común acuerdo. El escritor cede la explotación comercial de su obra a cambio de una ganancia. El editor publica y distribuye la obra y también se lleva dinero por ello. Es tan simple como eso. El editor debe asegurar una explotación continua y una difusión comercial eficaz del libro y pagar al autor en los tiempos acordados.

Duración del contrato de edición

Dos años suelen ser tiempo suficiente para la producción y la circulación de una obra literaria, desde la escritura hasta la liquidación de saldos de la primera edición. No se recomienda firmar contratos de edición largos, de diez años o más, porque obligan al autor a conformarse con una escasa ganancia incluso en el caso de que su libro se convierta en *bestseller*.

Un buen contrato de edición debe establecer la duración, el ámbito territorial, las ganancias del autor, la cantidad de ejemplares, las fechas de lanzamiento y de pago y las modalidades de publicación y distribución. Esos son los puntos básicos que debes tener en cuenta.

Rescisión de contrato de edición

El contrato de edición de un libro queda sin efecto una vez cumplido el plazo de duración estipulado. Los contratos que imponen condiciones contrarias a la ley carecen de validez. Puedes solicitar la finalización de tu contrato de edición si crees que la editorial no cumplió su palabra. Lo mejor en estos casos es buscar la asesoría de un abogado.

Informe de lectura

En un informe de lectura para escritores los expertos analizan tu obra literaria antes de su publicación y te dan consejos para optimizarla al 100 %. El informe de lectura es una valoración objetiva de tu trabajo como escritor. Es un texto de 5 a 15 páginas escrito por un lector profesional.

El informe de lectura es uno de los servicios más importantes para escritores independientes. Muchos autores se quedan a mitad de camino de su verdadero éxito editorial porque no pidieron un informe de lectura profesional antes de publicar.

Te vamos a revelar las claves del informe de lectura y te contamos todas las ventajas de contratar este servicio.

¿Cómo saber si necesito un informe de lectura?

Hay libros que están llenos de fallos literarios evitables, problemas en la coherencia argumental y la estructura lógica del texto. Estos errores impiden explotar al máximo el potencial de la obra.

Existen dos servicios editoriales básicos capaces de salvar tu libro de un posible fracaso. El primero es la corrección literaria. El segundo es el informe de lectura. Algunos autores no saben qué es un informe de lectura. Ignoran que existe una ayuda profesional para darle a su libro esa vuelta de tuerca especial que lo convierta en *bestseller*.

Si terminaste de escribir tu novela, pero tienes dudas sobre la coherencia de la trama, necesitas un informe de lectura. También si vas a publicar no ficción pero la estructura de tu libro no te convence.

Si tus personajes no te satisfacen o tienes problemas para identificar el público objetivo de tu libro, necesitas un informe de lectura. Si crees que tu libro está bien en general pero tiene partes mal resueltas, definitivamente tienes que solicitar un informe de lectura.

El informe de lectura es trabajo para un lector editorial profesional. Los lectores profesionales son personas expertas en el mundo de las letras: catedráticos de universidad, escritores prestigiosos que han publicado en importantes editoriales y correctores literarios experimentados.

Todas estas personas dedican su vida a la literatura y tienen miles y miles de horas de experiencia en ese campo. Su saber experto les permite formarse una opinión objetiva de tu texto e identificar sus principales puntos a favor y en contra.

Informe de lectura de un libro

Cada vez son más los escritores que se animan a publicar libros por su cuenta, sin editores ni intermediarios. Son los llamados autores independientes, una tendencia que crece día a día en la nueva industria editorial. Pero muchos de estos escritores suelen cometer errores de principiante en el contenido de sus libros y, naturalmente, sus ventas nunca despegan.

Los errores pueden ser de lo más diversos. En un libro de ficción, los fallos principales son comienzo que no engancha al lector, falta de profundidad en los personajes, inconsistencias en la trama, abuso de lugares comunes y estereotipos, etc.

En un libro de no ficción, como un manual de autosuperación personal, un libro de cocina o de deportes, etc., también podría haber equivocaciones importantes que causen el rechazo del público: explicaciones poco claras, conceptos sobreentendidos por el autor, pero extraños para el lector, cambios abruptos en la persona gramatical del narrador, etc.

El informe de lectura de un libro es la solución para todos estos y muchos otros problemas de fondo y de forma.

Hasta hace poco tiempo, el rol de las editoriales estaba rígidamente limitado: el autor enviaba su manuscrito y la editorial lo corregía, hacía el maquetado y publicaba el libro.

Hoy existe una nueva especie de editoriales que se caracterizan por tener un trato cercano y directo con los autores. Estas editoriales ayudan a los escritores a superar todas sus dificultades y publicar obras literarias de calidad. Son las editoriales de autoedición, como la nuestra.

Una buena editorial de autoedición es la que te ofrece la posibilidad de contratar los servicios editoriales de uno en uno o varios a la vez, respetando tus deseos y necesidades, sin obligarte a pagar por aquello que no necesitas.

Antiguamente, el informe de lectura editorial era un documento interno de las editoriales. Pero eso ha cambiado, ahora puedes pedir un informe de lectura escrito para ti por un profesional en lengua y literatura que te guiará en todos los pasos necesarios para pulir tu texto hasta dejarlo perfecto.

Informe de lectura hecho, libro vendido

El informe de lectura de un libro no es una crítica con afán puramente literario. En un informe de lectura profesional hay una valoración integral de tu trabajo, no solo del aspecto estético.

Un buen informe de lectura contiene un apartado especial con la valoración comercial de tu libro, una opinión imparcial que refleja las posibilidades reales que tiene tu obra para convertirse en un éxito de ventas. En un informe de lectura profesional se señalan aquellos motivos por los que el lector podría dejar de leer tu libro y se proponen estrategias concretas para remediar cualquier falla.

Ya sea que estés escribiendo una novela, un libro de poemas, un libro de cuentos o de no ficción, el informe de lectura profesional es una inversión que puede mejorar drásticamente el futuro comercial de tu proyecto literario.

El informe de lectura de un libro debe ser realizado por profesionales especialistas en lengua y literatura. No te arriesgues a mostrar tu trabajo ante cualquier oferta de internet, recuerda que te expones al plagio.

4 ejemplos de informe de lectura editorial

Ahora te damos algunos ejemplos de informes de lectura que te servirán para saber qué puedes esperar de una valoración literaria profesional hecha por una editorial. Hemos cambiado los títulos (los que mostramos son ficticios) y cualquier otro dato significativo para respetar la privacidad de nuestros clientes.

Ten en cuenta que estos modelos que te mostramos son tan solo fragmentos de textos más extensos, pero indudablemente te servirán para entender qué es un informe de lectura profesional.

Los modelos que te vamos a mostrar corresponden a informes de lectura sobre una novela, un libro de no ficción, un libro de poemas y un libro de cuentos. Recuerda que solo reproducimos las principales partes del informe de lectura y no el texto completo.

Ejemplo de informe de lectura de una novela

Título de la obra: *El jardín de los manzanos*.

Género: Novela.

Extensión: 212 páginas.

Lector: Editorial Letra Minúscula.

Fragmentos del informe

Aspectos destacables de la obra

El jardín de los manzanos es una novela de prosa esmerada y ritmo diáfano, las construcciones sintácticas simples y el lenguaje claro estimulan una lectura ágil de todo el texto.

La novela narra hechos «dignos de ser contados», el tema es actual y el trasfondo histórico es familiar para el lector de habla hispana contemporáneo.

Recomendaciones para mejorar el libro

El problema principal de *El jardín de los manzanos* es la falta de precisión argumental, en algunas partes de la trama no están claros los objetivos de los personajes y no es fácil distinguir los motivos de sus acciones.

Además, la voz narradora pasa de la primera a la tercera persona de manera desordenada, lo que genera confusión en el lector. También se advierten lagunas temporales.

Se recomienda cambiar el enfoque general del argumento, reorganizar las partes del relato, elegir solo la voz narradora en primera persona, suprimir los personajes secundarios Maleck y Ciro, que no agregan valor a la historia, y expandir el capítulo 3 llamado «Un hecho crucial» contando con mayor detalle la procedencia del protagonista y sus objetivos en la vida.

Valoración comercial de la obra

El jardín de los manzanos es una obra cuya claridad discursiva atrae al lector, tiene un lenguaje literario pulcro y sencillo.

Sin embargo, algunos lectores podrían verse decepcionados ante la falta de una resolución clara del conflicto principal.

Si se siguen las recomendaciones hechas en este informe y se realiza una campaña de marketing bien enfocada hacia el público objetivo, este libro tendrá todo el potencial para transformarse en *bestseller*.

Ejemplo de informe de lectura de un libro de no ficción

Título de la obra: *Resignificación del trastorno bipolar*.

Género: No ficción.

Extensión: 123 páginas.

Lector: Editorial Letra Minúscula.

Fragmentos del informe

Aspectos destacables del libro

Este libro trata un tema incómodo, pero interesante. Actualmente no existe información sobre el trastorno bipolar que sea a la vez fidedigna y fácil de entender, los otros libros sobre el tema son técnicos o superficiales.

Pero *Resignificación del trastorno bipolar*, al ser la adaptación de una tesis universitaria, combina la precisión de un trabajo académico y la amenidad de un estilo de escritura sencillo, comprensible para el lector común.

Recomendaciones para mejorar el libro

No hay mucho para mejorar en *Resignificación del trastorno bipolar*. Es un libro excelente.

Las recomendaciones para optimizar esta obra y explotar su máximo potencial son las siguientes:

Aumentar el volumen de texto, sobre todo entre las páginas 40 y 93. En algunas partes de este segmento queda la sensación de que se puede profundizar un poco más en las explicaciones psiquiátricas y en el trasfondo psicológico de los personajes.

Revisar cuidadosamente la ortografía en los nombres de compuestos farmacológicos: ácido valproico y no Ácido Valproico, carbonato de litio y no Carbonato de Litio, carbamazepina y no Carbamazepina.

Evitar el empleo excesivo de oraciones subordinadas adjetivas; por ejemplo, «Este tema, que usualmente no ocupa las primeras planas de los diarios, que suelen privilegiar otras noticias, cuyo interés...» puede cambiarse a «Este tema usualmente no ocupa las primeras planas de los diarios. Estos suelen privilegiar otras noticias. El interés por ellas...».

Se recomienda enviar el texto a un corrector literario profesional para su revisión completa.

Valoración comercial de la obra

Por momentos, merced a las exigencias de la investigación académica como género discursivo, el texto se vuelve complejo y apunta a un público adulto de nivel intelectual medio-alto.

El público objetivo de *Resignificación del trastorno bipolar* está compuesto mayormente por trabajadores de la salud y personas que tienen cercanía con alguien que padece la bipolaridad (un familiar, un amigo, un compañero de trabajo).

En conclusión, la valoración comercial de este libro es alta porque está dirigido a un público objetivo perfectamente definido y abundante. Existe una inmensa cantidad de lectores potenciales para *Resignificación del trastorno bipolar* en todo el mundo.

Ejemplo de informe de lectura de un libro de poesía

Título de la obra: *El poemario sin nombre.*

Género: Poesía.

Extensión: 82 páginas.

Lector: Editorial Letra Minúscula.

Fragmentos del informe

Aspectos destacables del libro

El poemario sin nombre es un libro de poesías que apela a la curiosidad desde el título mismo y se dirige atinadamente a los sentimientos del lector mediante una buena elección de las palabras y un uso adecuado del ritmo.

El libro está bien resuelto dentro del género poesía lírica, prevalecen la subjetividad del autor y la expresión de sentimientos mediante un nutrido repertorio de figuras retóricas e imágenes.

El amor, tema universal de la poesía, se desarrolla de manera fresca y original, sin caer en lugares comunes.

Recomendaciones para mejorar el libro

En el prólogo se expresa que los versos son libres, pero el poema «Aquella primavera» es formalmente un romance (serie de versos octosílabos con rima asonante en los versos pares). Se recomienda modificar la métrica y la rima de este poema hasta obtener un metro distinto, uno realmente libre.

El poema «Ya no te amo» presenta una rima consonante en «-ir» en todos sus versos, algo que, además de contradecir la intención del prólogo, suena un tanto infantil. Se recomienda cambiar las últimas palabras de cada verso de este poema hasta conseguir rimas asonantes o disonantes.

Valoración comercial de la obra

Sin duda *El poemario sin nombre* tiene la ventaja de estar dirigido a un público amplio que abarca adultos, pero también adolescentes. Esto se debe a la elección del amor como tema central.

Pero hay que tener en cuenta que la poesía no es el género más popular del momento y que los libros de ese nicho actualmente venden poco.

Una estrategia que podría ayudar a resolver esta dificultad es la publicación en formato audiolibro. Este formato tiene actualmente un gran crecimiento y publicar en él puede aumentar el alcance comercial de la obra.

Ejemplo de informe de lectura de un libro de cuentos

Título de la obra: *El secreto de los conjurados.*

Género: Cuento.

Extensión: 90 páginas.

Lector: Editorial Letra Minúscula.

Fragmentos del informe

Aspectos destacables de la obra

El secreto de los conjurados es un excelente trabajo intertextual dirigido a un público especial: lectores de Borges y de Cicerón. Las referencias explícitas a personajes y elementos de ambos universos literarios abundan a lo largo de todo el texto, sin que el autor llegue a pecar de erudito por ello.

Recomendaciones para mejorar el libro

La mayor dificultad de *El secreto de los conjurados* es la falta de un hilo conductor que vincule claramente todos los cuentos del libro.

Esto se debe a que son cuentos originalmente escritos para ser publicados en distintas revistas literarias de Ciudad de México, sin haber considerado la posibilidad de editarlos todos juntos como un libro independiente.

Se sugiere introducir una voz narradora externa a todos los relatos, que sirva para articular la lectura del libro completo.

Valoración comercial de la obra

Al tener un lector modelo tan bien definido, este libro es un proyecto comercial claramente viable. Se recomienda investigar las portadas clásicas de libros de Borges y Cicerón y tenerlas en cuenta a la hora de diseñar la portada definitiva.

También se sugiere la creación de un grupo de Facebook orientado hacia los lectores de prosa histórica, sobre todo de la antigua Roma.

Cómo hacer un informe de lectura

Para saber cómo realizar un informe de lectura tienes que leer muchísimo. Un informe de lectura profesional es trabajo para lectores con años y años de formación especializada, no es algo que cualquiera pueda hacer siguiendo un modelo.

Pero a veces te piden escribir un informe de lectura para una tarea del colegio o un trabajo de la universidad. En ese caso, para elaborar un informe de lectura de la manera correcta debes seguir estas pautas.

6 pasos para elaborar un informe de lectura

¿Cómo hacer un informe de lectura? Este es el procedimiento:

#1. Primero leer bien el texto

No es una lectura superficial, sino profunda y detenida. Prepara un anotador y un lápiz para apuntar todo lo importante a medida que lees: personajes principales, nombres de lugares, momentos clave de la trama, etc.

En este primer paso para elaborar el informe de lectura te conviene ver el índice del libro. Así vas a tener un panorama global de todas sus partes.

También es importante leer el apartado de catalogación. Lo encontrarás entre las primeras páginas, junto al ISBN. Allí está un dato importante: el género al que pertenece la obra. Apúntalo.

#2. Escribir una sinopsis del libro

Una sinopsis es un párrafo donde cuentas brevemente de qué trata la obra sobre la que vas a hacer tu informe de lectura: quién es el protagonista, cuál es el tema, cuál es el conflicto central, etc.

Esta información debe ser mencionada sencillamente, sin entrar en detalles, y es conveniente escribirla de manera que despierte la curiosidad en el lector y lo invite a seguir leyendo tu informe de lectura.

#3. Escribir una síntesis de la estructura

Si tu informe de lectura es para el colegio o la universidad, esta es la parte principal.

En la síntesis debes explayarte sobre el contenido del texto y elaborar una descripción completa de la cantidad de capítulos o partes que contiene, los personajes principales y secundarios, los lugares y tiempos en los que se desarrolla la acción, etc.

Si haces una buena lectura según estas pautas develarás toda la riqueza simbólica de la obra. En esta parte del informe de lectura sale a la luz la complejidad de la estructura temporal y espacial del texto y se descubre el juego de las voces narradoras.

El informe de lectura sobre una obra literaria es un excelente paso previo para empezar a realizar un ensayo sobre ella.

#4. Analizar el género

Para elaborar esta sección del informe tienes que determinar el tipo de texto que estás leyendo: ¿es una novela, un libro de poemas o de cuentos?, ¿es no ficción? Una vez que respondas esta pregunta general puedes profundizar en las pautas del género: ¿son seguidas fielmente o el autor las pone en tensión?, ¿es un cuento largo o una novela corta?, ¿son versos libres o es prosa lírica?

#5. Escribir sobre los aspectos destacables

En esta parte del informe de lectura debes elaborar una exposición de todos aquellos aspectos de la obra que valoras positivamente. Si te gustó el estilo del autor, si crees que su texto es artísticamente valioso, debes decirlo aquí. Algunos factores para tener en cuenta para realizar esta parte del informe son: claridad del texto, facilidad de lectura, popularidad o actualidad del tema elegido, originalidad del argumento, coherencia entre las partes, etc.

#6. Elaborar una crítica constructiva

Debes aprovechar esta parte para hacer tu reflexión personal acerca de la obra. Para ello debes retomar lo que escribiste en los pasos anteriores y elaborar una conclusión que dé significado a las estrategias empleadas por el autor.

Los saltos en el tiempo, la variación de voces narradoras, el tipo de versos empleado, el ritmo de los conflictos y las relaciones entre personajes que descubriste en los pasos anteriores tienen una inmensa carga simbólica que tú debes descubrir.

Siguiendo estos pasos puedes elaborar un informe de lectura completo y profundo.

7 partes de un informe de lectura

Ya vimos en general cómo se hace un informe de lectura. Ahora veamos cuáles son las partes de un informe de lectura editorial, una valoración literaria profesional de tu libro. En un informe de lectura para escritores, la editorial elabora paso a paso una apreciación literaria de tu libro y te da las pautas para hacer todos los cambios necesarios hasta dejarlo perfecto.

Estas son las partes principales de un informe de lectura para escritores:

#1. Ficha técnica

Aquí se indican el nombre y el género de la obra, la extensión (cantidad de páginas) y el nombre del lector, en este caso, la editorial.

#2. Sinopsis para usar en la contraportada

La sinopsis es un texto breve de más o menos cien palabras donde se resume el contenido del libro de una manera que enganche al lector y lo tiente para echar un vistazo al interior.

#3. Análisis del contenido y la estructura

En esta parte del informe de lectura se indica la cantidad de capítulos o apartados. También se señala el tema principal que aborda el texto y cuáles son los personajes. Además se muestran las principales secuencias de la trama, las voces narradoras y la estructura temporal y espacial del relato. Si es un libro de poesía, el informe de lectura incluye un estudio sobre la rima y la métrica del texto.

#4. Género, lenguaje y estilo de la obra

En un informe de lectura, la parte correspondiente al género es una descripción del texto conforme a las pautas del nicho al que pertenece. Lo que sigue es una valoración del lenguaje: el léxico, el registro y el tono que emplea el autor. También se evalúa cuál es el público al que se dirige el texto y la eficacia del mensaje que se busca transmitir.

#5. Aspectos destacables del libro

Esta parte consiste en una valoración de todos aquellos puntos fuertes de la obra. Aquí se destacan la novedad del tema elegido, la originalidad del conflicto y el acierto en el planteo de los personajes. También se ponderan la calidad de la prosa o los versos, la facilidad de lectura del texto y la adecuación del lenguaje.

#6. Recomendaciones para mejorar el libro

En un informe de lectura para escritores hecho por una editorial esta es una de las partes más importantes. En este segmento del informe se enumeran una por una las carencias de la obra, en caso de que las haya.

Las recomendaciones para mejorar el libro pueden ir desde lo meramente formal, como revisión de puntuación, uso de tildes, formación de palabras, uso de mayúsculas, etc., hasta cuestiones más profundas, como el cambio en el enfoque general de la trama o el argumento, la reorganización de las partes del relato, la supresión o expansión de personajes, etc.

#7. Valoración comercial de la obra

En este último paso del informe de lectura para escritores la editorial responde claramente la pregunta fundamental que se hace el autor: ¿mi libro se va a vender o no? La respuesta a esta pregunta se obtiene recapitulando todas las partes anteriores del informe de lectura. Si hay fallos en la trama o el argumento, si hay problemas de ritmo, si no hay un buen desenlace que resuelva la tensión narrativa, tu libro no se venderá hasta que corrijas todo eso.

Tampoco puedes esperar que tu libro obtenga muchas ventas si tiene muchas faltas de ortografía o defectos de redacción evidentes.

En un informe de lectura para escritores, la editorial se pone en la piel del lector ideal de tu libro y determina si tu texto causa el efecto adecuado en el público.

Quizás escribiste un libro primorosamente cuidado en ortografía y redacción, pero tu público no siente que la historia sea trascendental o impactante. Esto repercutirá de manera negativa en la cantidad de recomendaciones hacia otros lectores potenciales.

Pero siguiendo las instrucciones para mejorar tu libro superarás todas las dificultades y publicarás una obra genial en todo aspecto.

Tu libro es un diamante en bruto

A veces los autores tienen ideas geniales o cuentan hermosas historias, pero cometen fallos literarios graves que impiden la trascendencia de su libro más allá del círculo íntimo de familiares y amigos. Algunos escritores simplemente no se atreven a publicar porque su obra no los convence, advierten que le falta algo, pero no saben qué.

Si realmente quieres destacarte en el mercado editorial, no puedes conformarte con los elogios de tus familiares y tus amigos. Ellos te quieren y van a hablar maravillas de tu obra. Tampoco es aconsejable que te fíes de tu propia opinión como escritor porque, naturalmente, los escritores son condescendientes con su propio trabajo y no consiguen tomar la distancia necesaria para hacer un juicio objetivo sobre él.

Lo más recomendable en todos los casos es buscar la opinión de profesionales calificados, personas que no sepan nada de ti, pero, en cambio, tengan profundos conocimientos de literatura, de lengua e incluso de marketing para escritores. Estos profesionales son capaces de evaluar tu trabajo mediante criterios imparciales y sus opiniones te allanarán el camino para que tu libro sea un éxito.

Control de calidad literaria

En un informe de lectura, el lector profesional realiza un análisis de los principales elementos narrativos de la obra tales como la construcción de los personajes y la estructura temporal y espacial del relato. El informe de lectura también contempla aspectos léxicos: adjetivación, uso de adverbios, modismos regionales, etc.

Además, se tienen en cuenta aspectos discursivos y de género literario: ¿cuál es el lector ideal de este libro?, ¿cuáles son los recursos estilísticos más adecuados para captar su atención?

El informe de lectura te permite conocer mejor tu obra. Algunos autores escriben buenos libros, pero cometen errores básicos sin darse cuenta. Un error común es la incoherencia en la estructura temporal del relato, por ejemplo: «¿Cómo pudo Beatriz defenderse con ese revólver si Pablo se lo había llevado horas antes del crimen?».

En este sentido, no debes subestimar a tu público, ten en cuenta que hasta los lectores más distraídos pueden descubrir estas inconsistencias de la trama y llevarse una gran decepción en la lectura de tu libro.

¿Cuántas grandes producciones de Hollywood están plagadas de anacronismos que provocan malas críticas y memes en tono de burla? Como producto artístico, las obras literarias corren un riesgo similar.

Otro error frecuente es el comienzo poco atractivo. Muchos libros cuentan historias apasionantes, llenas de intriga y suspenso, pero las primeras páginas no consiguen atrapar al público. Así el autor se pierde la oportunidad de llegar a más lectores por un error de cálculo que fácilmente puede resolverse con una lectura atenta y un consejo adecuado.

El consejo certero de un lector profesional puede cambiar aspectos básicos de tu libro y ayudarte a mejorarlo sustancialmente. En efecto, el informe de lectura marca la diferencia entre un libro mediocre y uno bueno, o entre un libro bueno y uno excelente. A veces se da el caso en que un buen informe de lectura permite transformar un fracaso editorial anunciado en un éxito rotundo, con solo unos mínimos ajustes. Dicho esto, es evidente que cualquier libro puede mejorar de manera extraordinaria con un informe de lectura.

La mejor terapia para tu libro

Un buen informe de lectura contiene, además del diagnóstico, un plan de trabajo con los principales pasos a seguir para mejorar tu libro. Si lo comparamos con un examen médico, el informe de lectura contiene una lista de los principales males que aquejan a tu libro y un detalle sobre el tratamiento que te permitirá poner fin a todos ellos. En un informe de lectura sobre tu libro encontrarás instrucciones concretas para sanarlo de todos los errores e incoherencias que te impiden el éxito editorial. Estas instrucciones son sencillas pero metódicas.

Es importante que tengas humildad y te dejes aconsejar. Recuerda que esos pasos a seguir se fundan en la opinión de un experto, alguien que sabe perfectamente todo lo que un libro necesita para convertirse en auténtico éxito.

Necesitas un informe de lectura

El informe de lectura es una valoración objetiva y profesional de tu trabajo literario.

Algunos libros están condenados al fracaso, aun antes de su publicación. Esto se debe a que sus autores cometen tremendas equivocaciones sin darse cuenta. Sus obras tienen errores en la estructura temporal, en la elección del vocabulario y en los recursos estilísticos, por nombrar algunos ejemplos.

Aunque tus amigos y familiares te llenen de elogios por lo que has escrito, ten en cuenta que esas personas te quieren y que su valoración sobre tu trabajo es subjetiva. Ni tú ni ellos son capaces de señalar los defectos que impiden un despegue de las ventas de tu libro.

Si quieres que tu obra tenga éxito y cautive a miles de lectores alrededor del mundo, necesitas un informe de lectura. Un informe de lectura está escrito por lectores profesionales capaces de detectar los principales fallos de tu libro y brindarte consejos e instrucciones exactas para mejorarlo. El informe de estos expertos es una opinión honesta sobre tu trabajo como autor: se señalan las fortalezas y debilidades de tu libro y se propone un plan de acción para mejorar sustancialmente el texto.

Lector cero

Lector cero y lector beta son términos que suelen emplearse como sinónimos. Pero… ¿qué es en realidad un lector cero? El lector cero es uno de los secretos mejor guardados del mundo editorial. Los lectores cero pueden darle a tu libro el impulso que necesita para ser un éxito.

Continúa leyendo y aprenderás en qué consiste el fascinante trabajo de los lectores cero y cómo pueden ayudarte a potenciar tu libro.

Qué es el lector cero

El lector cero es un probador de productos, un *beta tester*. Pero, en lugar de probar tostadoras, zapatos o televisores, el lector cero «prueba» libros. En otras palabras, el lector cero es la primera persona en leer el manuscrito de un libro, después del propio autor. Lector cero o lector beta es alguien que se dedica a evaluar libros antes de su versión definitiva. Un lector cero es una persona dispuesta a leer tu obra literaria y contarte qué le ha parecido.

Ventajas de contar con un lector cero

Estos son los principales beneficios de tener la ayuda de un lector cero.

#1. Tener una nueva visión sobre tu libro

Es capaz de ver en tu obra cosas que tú no habías visto, detalles en los que no caíste por tu cuenta.

#2. Enfocarte mejor en tu lector ideal

Puede ayudarte a descubrir fallos en la transmisión del mensaje. Por ejemplo, si escribiste una novela histórica y tu lector cero es fanático de ese tema, esa persona podrá decirte mejor que nadie si tu libro es efectivo, si cumple con las reglas del género o no.

#3. Vender más libros

También es capaz de indicarte con toda franqueza si tu libro tiene partes aburridas. La opinión del lector cero se basa, sobre todo, en las emociones que le causa la lectura. Contar con este punto de vista no tiene precio porque te permite mejorar tu obra antes de publicarla. Las partes lentas de un libro se pueden reescribir o suprimir para que el texto gane dinamismo. Si tu lector cero dice que a tu libro le sobran algunas páginas, escúchalo con atención.

Cómo conseguir un lector cero

Para conseguir lectores cero dispuestos a leer el primer borrador de tu libro, lo más recomendable es hacer un buen trabajo de difusión en redes sociales. Si mantienes actualizadas con buenos contenidos tus cuentas de Facebook, Instagram, TikTok y otras redes, siempre tendrás seguidores dispuestos a ser tus lectores cero.

El primer lugar donde buscar lectores beta es tu entorno personal: pídele que lea tu libro a un amigo o a un familiar, un compañero de trabajo o de estudios, un profesor que estimes… Todas estas personas podrían ser excelentes lectores cero de tu libro y darte una opinión sincera sobre lo que escribiste.

Cuando el lector beta o lector cero es una persona de tu círculo social, lo más normal es que no te cobre nada por leer tu libro. Aunque no te cobren dinero, es importante que busques el modo de retribuir a tus lectores cero de alguna manera. Podrías incluirlos en los agradecimientos, con una mención especial. También podrías regalarles un ejemplar autografiado de tu libro una vez que se publique.

Cuándo enviar un libro a un lector cero

Esto debe hacerse antes de publicar la obra. Lo más conveniente es darle tu libro al lector cero cuando esté casi terminado. Sin embargo, también podrías enviárselo antes, por ejemplo, una vez que tengas el esquema de los capítulos y un primer resumen de cinco o diez páginas. Ten en cuenta que las incoherencias y otros errores argumentales son más fáciles de resolver antes de que el libro esté corregido y casi listo para publicarse.

Necesitas un lector beta

Como hemos señalado, lector beta y lector cero son términos que se usan como sinónimos. Los lectores beta son un eslabón fundamental en la cadena de producción editorial. Contar con lectores beta es la manera más rápida de sondear el mercado potencial de tu libro.

La base del marketing para escritores es recordar siempre que el libro es un producto comercial y debe ser pensado como tal. En otras palabras, los libros más leídos son también los más vendidos. El lector beta te ayuda a descubrir tu lector ideal y refinar el mensaje destinado a ese público objetivo.

Si logras que tu libro impacte en las emociones de muchos lectores, si consigues transmitir un mensaje universal que haga a la gente hablar de lo que escribiste, entonces estás listo para vender miles o millones de ejemplares.

Un lector beta, un informe de lectura y una corrección profesional del texto componen el kit básico para autopublicar un libro de calidad.

Lo mejor es contar con varios lectores cero que lean tu libro. Tener varias opiniones sobre lo que escribiste puede ayudarte a detectar problemas importantes en tu texto antes de publicarlo. Por ejemplo, si tres lectores coinciden en que un personaje es demasiado trillado, o que no aporta nada, debes tomar debida nota de esa valoración y preguntarte cómo puedes cambiar ese aspecto de tu libro.

Algunos escritores son celosos de su trabajo literario y no le mostrarían uno de sus textos a nadie antes de tener el libro terminado por completo. Esta postura te mantiene restringido a tu propia opinión, y todos somos un poco (o bastante) indulgentes con nuestros escritos. Todos necesitamos a alguien que le eche una mirada a lo que hemos escrito y nos diga con sinceridad cuál ha sido su primera impresión.

Quiero ser lector cero

Ser lector cero es fácil: solo debes tener algún amigo escritor y ofrecerte para leer sus libros antes de que los publique.

Las grandes editoriales tradicionales cuentan con equipos de lectores beta en todo el mundo. Esto es natural porque, antes de gastar cientos de miles de euros en la impresión de un libro, conviene asegurarse de que a los lectores les gusta. Si quieres trabajar como *beta reader*, busca editoriales que necesiten lectores cero.

Lector cero y lector editorial

El lector editorial es un lector erudito, un experto en literatura que lee los libros de manera sistemática, conforme a un plan de análisis. El lector cero, en cambio, es un lector promedio, alguien que lee libros por gusto, con la intención de pasar un buen rato. Por eso, la clave en la opinión del lector cero es su espontaneidad.

Los lectores editoriales son escritores expertos, correctores de estilo con largos años de experiencia y docentes universitarios. Sus informes de lectura pueden ayudarte a cristalizar las opiniones de los lectores cero en auténticas mejoras para tu libro.

Informes de lectura y lector cero

El lector cero te puede contar cuál es su valoración sobre tu libro en una conversación informal, en una nota manuscrita o en un correo electrónico. Algunas de las grandes editoriales tradicionales entrevistan en grupo a sus lectores beta y graban audios para analizarlos después.

Los informes de lectura editoriales se elaboran de manera distinta. El informe de lectura es un análisis profundo y minucioso de un libro. Los informes de lectura indagan el estilo literario, la solidez del argumento y el potencial de ventas de la obra, entre otros aspectos. Pide un informe de lectura para tu libro.

Tipos de lectores cero

Los dos tipos más comunes de lectores cero o beta son los siguientes.

#1. Lector cero aficionado

En esta categoría entran todas aquellas personas que leen borradores de los libros de sus amigos o familiares.

También puedes ser lector cero aficionado leyendo para autores independientes que publican en redes sociales.

#2. Lector cero profesional

El lector cero profesional es el que trabaja para editoriales. Es frecuente que estos lectores reciban varios libros de una vez y se comprometan a comentarlos después de uno o dos meses.

Servicio de lector cero

Puedes conseguir lectores cero sin gastar dinero. Seguro que en tu círculo social más inmediato existen una o más personas que leerían tu libro con muchísimo placer. Elige a quién vas a dar a leer tu obra teniendo en cuenta los gustos de los demás.

Ejemplo de lector cero famoso

Fanny Van de Grift, esposa de Robert Louis Stevenson, fue la primera en leer el borrador de *El extraño caso del Dr. Jekyll y Mr. Hyde*. Su decepción fue tal que arrojó el borrador al fuego e instó a su marido a escribir otro.

Lector editorial

El lector editorial es una figura un tanto desconocida en el mundo de los libros. Contratar a un lector editorial antes de publicar puede ayudarte a mejorar la calidad de tu obra de manera significativa. El lector editorial es un aliado de los escritores, un profesional que analiza en profundidad tu trabajo literario y te brinda una opinión objetiva para que tu libro pase de ser bueno a ser excelente. Nada mal, ¿verdad?

Contar con esta ayuda profesional es una de las mejores opciones para optimizar tu texto y enganchar a más lectores. Pero… ¿qué hace un lector editorial en realidad? ¿Te gustaría contar con su ayuda?

Continúa leyendo y conocerás las principales ventajas que un lector editorial tiene para ti y cómo contratar sus servicios.

Qué es un lector editorial

El lector editorial es, en términos generales, alguien que hace informes de lectura. Los lectores editoriales tienen una profunda formación en lengua y literatura y, además, conocen el mercado editorial y tienen la experiencia necesaria para detectar todos aquellos fallos que podrían impedir el éxito de un libro.

Analistas editoriales

El término analista editorial suele emplearse como sinónimo de lector editorial. Aunque el analista editorial podría realizar informes de lectura, su campo de acción es más amplio y abarca diseño de publicaciones, análisis de mercados y supervisión de proyectos literarios, entre otras labores.

Tipos de lector editorial

Existen varias clases de lectores editoriales, entre las que se destacan las siguientes:

#1. Lector editorial tradicional

Los lectores editoriales de este tipo se encargan de filtrar los manuscritos que llegan a una editorial y elegir cuáles serán publicados. Estos lectores editoriales eligen entre la gran cantidad de libros que reciben y descubren cuáles tienen potencial real de ventas y cuáles no.

#2. Lector editorial moderno

Estos lectores profesionales son típicos de editoriales de autoedición, como la nuestra. Los lectores editoriales modernos no se dedican a seleccionar libros aceptando unos y rechazando otros, sino que ayudan a todos los autores que soliciten sus servicios para mejorar el contenido de su obra.

Informe de lectura

El informe de lectura es un servicio bastante desconocido entre los autores independientes, a pesar del inmenso potencial que encierra. El informe de lectura no está enfocado a corregir la ortografía del libro, como algunos escritores piensan. Si bien el informe de lectura podría contener algunas indicaciones para encarar la corrección de estilo de la obra, su foco principal está puesto en el contenido.

Los informes de lectura editorial abarcan estos aspectos:

#1. Análisis del contenido

El informe de lectura editorial analiza la estructura de la obra, el argumento, los personajes, el aspecto temporal del relato y otras cuestiones relativas al contenido del texto. En el caso de libros de no ficción, el análisis del contenido se enfoca en el orden lógico de los capítulos y en la claridad y la pertinencia de los conceptos. Este tipo de análisis es la clave principal para detectar y corregir posibles incoherencias en la obra.

#2. Estilo y lenguaje

No es lo mismo escribir un manual de marketing para escritores que escribir un libro de poemas para niños.

Cada texto debe tener el léxico y el tono adecuados para el público al que está dirigido.

#3. Valoración comercial y consejos para mejorar

Los lectores editoriales responden esa pregunta que desvela a más de un autor: ¿cómo hago para vender más libros? Después de la lectura profunda y el análisis exhaustivo de tu libro, un buen lector editorial sabe si esa obra tiene potencial para venderse bien o no. Te sorprendería saber lo fácil que resulta, en algunos casos, hacer unos mínimos ajustes que transformen un libro del montón en un auténtico éxito.

Habilidades del lector editorial

Las principales habilidades de un lector editorial son las siguientes:

#1. Conocimientos sobre lengua

Esto constituye la base del trabajo. No puedes dedicarte a la lectura editorial si no conoces bien la gramática y la ortografía de la lengua española. Si bien el lector editorial no se dedica a corregir textos, es su obligación señalar los fallos demasiado frecuentes. Por ejemplo, si tu libro tiene un problema serio de falta de tildes o si abusas de las oraciones subordinadas, el lector editorial debería indicar esos problemas, aunque no sea él quien se encargará de corregirlos.

#2. Conocimientos de literatura

El lector editorial es un experto en libros. Conoce géneros literarios, historia de la literatura, estilos de los autores más famosos, etc. Esto le permite realizar diagnósticos literarios con conocimiento de causa, teniendo una noción clara del universo del libro.

#3. Conocimiento del mercado editorial

Saber de lengua y literatura no es lo mismo que conocer el mercado editorial. Puedes ser un escritor extraordinario y, aun así, no saber qué hacer para que tu libro se venda. Un buen lector editorial conoce cómo son aquellos libros que tienen éxito hoy y te ayuda a orientar tu obra hacia ese camino.

Ser lector profesional

¿Cuál es la diferencia entre un lector profesional y un lector aficionado? Pues, en primer lugar, un lector aficionado lee solo por gusto, elige los libros que prefiere y los lee como haría cualquier amante de la lectura. En cambio, un lector profesional hace de la lectura un trabajo y lee las obras de manera sistemática, teniendo en cuenta todas aquellas características relevantes para distinguir un libro bueno de uno que puede ser mejorado.

La formación para trabajar como lector editorial puede variar según los países. Puedes encontrar ofertas educativas públicas y privadas que te den la formación indispensable para ser lector editorial. Elige carreras enfocadas en literatura, edición de libros, escritura creativa, etc. Recuerda que, además de estudiar, necesitas practicar mucho para trabajar como lector editorial. Lee y escribe cada día, intenta mejorar tu estilo y desarrolla hábitos intelectuales saludables que favorezcan la concentración.

Los mejores lectores editoriales son capaces de realizar un diagnóstico profundo de tu libro abordando los aspectos fundamentales que conciernen a un buen texto. Los lectores editoriales profesionales escriben informes fáciles de leer. En ellos analizan el estilo literario de tu libro, su estructura y su potencial para conseguir ventas.

Trabajar en una editorial como lector profesional es una tarea sensible. El lector editorial debe ser capaz de leer a gran velocidad y necesita tener un buen poder de síntesis para plasmar ideas precisas en pocas palabras. La mayoría de los buenos lectores editoriales son catedráticos universitarios, escritores profesionales o correctores de estilo con una vastísima experiencia en su campo de trabajo.

Tipos de lectores

Los tipos de lectores son muchos y variados. Algunos lectores leen todo lo que cae en sus manos. Otros eligen de manera meticulosa lo que van a leer. Existen lectores fanáticos de un autor o de una saga que solo leen unos cuantos libros decenas de veces. Hay lectores que leen por trabajo y también los hay que leen por placer.

Te mostramos los principales tipos de lectores y te explicamos cómo se relaciona cada uno de ellos con el mundo del libro. ¿Qué tipo de lector eres tú? ¿Te animas a descubrirlo?

Continúa leyendo para averiguarlo.

Cómo saber qué tipo de lector eres

Según la Unesco, el porcentaje de personas en el mundo que saben leer y escribir ronda el 85 %. En países desarrollados, casi la totalidad de la población está alfabetizada. Esto quiere decir que la mayoría de los habitantes de nuestro planeta son lectores, al menos en potencia. Así, a grandes rasgos, podemos diferenciar dos tipos de lectores: activos e inactivos.

Los lectores activos son aquellos interesados en la lectura, que compran libros o los consiguen prestados y leen con avidez. Los lectores inactivos, por su parte, son aquellos que incluso sabiendo leer bien no leen nunca o casi nunca.

Tipos de lectores y tipos de lecturas

Cuando pensamos en la lectura solemos imaginar ese mágico ritual de sumergirnos durante horas en el maravilloso mundo del libro.

Leer es una experiencia personal, algo que hacemos de manera individual y silenciosa. Sin embargo, esto no siempre fue igual. En tiempos antiguos, la lectura solía ser en voz alta y, en algunos lugares especiales, como universidades y monasterios, las personas leían todas a la vez, como cantantes de un coro.

Hoy, lo más habitual es leer para nosotros mismos, en la intimidad de nuestra mente. La lectura es un placer personal, es la manera más rápida de viajar con el pensamiento y, en tiempos de redes sociales, leer se ha transformado en un verdadero acto de rebeldía.

Nunca hubo tantos lectores como los hay en este momento. Estamos hablando de miles de millones de personas. En un universo tan grande de aficionados a la lectura, resulta lógico que existan diferentes clases de lectores, grupos diferenciados por su manera de leer, sus gustos literarios y su modo de relacionarse con los libros.

No todos leemos por los mismos motivos, ni con los mismos fines. Algunos lectores leen solo por leer y jamás se preguntan por qué lo hacen. Otros son rigurosos en las lecturas que eligen y planean hasta el más mínimo detalle los momentos para leer y los títulos elegidos.

También hay lectores híbridos, que leen algunos libros por obligación y otros por placer. Ahora vemos los tipos principales de lectores que podemos encontrar en la actualidad.

¿Qué tipo de lector eres?

Esta lista no pretende agotar las clases de lectores que existen, pero te dará una buena idea sobre las principales. ¿Con cuál te identificas tú?

#1. Lector multilectura

El lector multilectura lee varios libros a la vez y puede disfrutarlos todos sin confundirse: lee un poco de una novela, un poco de un ensayo, otro poco de un poemario, etc. ¡Llegar a este nivel de lectura es todo un logro!

#2. Lector de un libro a la vez

Este es un caso opuesto al anterior. Los lectores de un libro a la vez proceden de manera metódica, consiguen un libro y lo leen hasta el final antes de comenzar el siguiente. Una característica adicional de los lectores de este tipo es que suelen releer los libros.

#3. Lector que lee de todo

Este es un tipo de lector especial que lee todo lo que cae en sus manos, sin importar el género, el autor o el año de publicación. Algunos de estos lectores sin filtro son personas de gran sabiduría.

#4. Lector selecto

El lector selecto se lo piensa muchísimo antes de elegir un libro: mira las reseñas que tiene en Amazon, investiga al autor, busca información sobre su obra (a veces durante días), mira blogs especializados, etc. Después de este arduo proceso, el lector selecto realiza su elección y comienza a leer.

#5. Lector evangelizador

«¡Tienes que leer este libro, cambiará tu vida!». ¿Alguna vez te dijeron algo así? Si respondiste que sí, estuviste frente a frente con un auténtico lector evangelizador y quizás no te diste cuenta. El lector evangelizador es el que lee un libro y se lo recomienda a todo el mundo. Los lectores evangelizadores pueden ser bastante insistentes y a veces un poco pesados.

#6. Lector por obligación

Todos hemos sido lectores por obligación alguna vez. Las lecturas obligatorias son típicas del colegio y la universidad: nos exigen leer un libro que quizás no nos guste como condición para pasar el curso.

#7. Lector distraído

Al lector distraído le cuesta terminar los libros que empieza a leer. A veces los abandona nada más comenzar, otras veces avanza hasta la mitad y pierde el interés. Muchos lectores distraídos llegan casi al final del libro y lo dejan antes de saber cómo termina.

#8. Lector elitista

El lector elitista es un tipo de lector que solo lee las grandes obras de la literatura universal. Los lectores elitistas leen a autores ganadores del Premio Nobel o grandes genios literarios de todos los tiempos como Dante Alighieri, William Shakespeare o Miguel de Cervantes. No verás a un lector elitista comprando libros de una pequeña editorial en un evento literario local.

#9. Lector de libros prestados

Los lectores de libros prestados no han comprado un libro en toda su vida y solo leen los que les prestan otras personas. El lector de libros prestados suele tener uno o más amigos con nutridas bibliotecas de las que obtiene sus habituales préstamos.

#10. Lector compulsivo

El compulsivo es un tipo de lector que, aunque parezca irónico, no lee demasiado. Los lectores compulsivos no pueden resistir la tentación de comprar cuanto libro ven, pero no son consecuentes con la lectura. Muchos lectores compulsivos tienen gran cantidad de libros sin leer en casa, acumulan una obra tras otra y jamás se ponen a leer ninguna. Más que lectores, son compradores compulsivos de libros.

#11. Lector para dormir

Mucha gente utiliza la lectura como una técnica de relajación para dormir. Estas personas solo leen en la cama, así como otras miran televisión o revisan el móvil. Algunos de estos lectores son verdaderos casos de estudio porque les basta leer cinco minutos para dormirse de manera profunda.

#12. Lector pedante

El lector pedante solo lee para presumir ante los demás. Los lectores pedantes leen libros de moda, rara vez los encontrarás leyendo una obra que no esté en boca de todos. Al lector pedante, en realidad, no le interesa leer: solo le importa la apariencia de persona culta que cree tener por haber leído tal o cual libro.

#13. Lector *hater*

Ser un lector *hater* es leer solo para criticar al autor y su libro. Al lector *hater* todos los libros le parecen mediocres o malos: opina lo mismo de cualquier obra y, en muchos casos, lo hace para canalizar una frustración personal en la escritura.

#14. Lector crítico

El lector crítico al principio se parece un poco al *hater*, aunque en el fondo es bastante diferente. Un lector crítico es aquel que lee libros de manera consciente, deteniéndose en cada párrafo para evaluar la calidad de la obra. Los lectores críticos suelen hablar mal de algunos libros, aunque son capaces de reconocer el talento literario y la belleza de otros y, con frecuencia, lo hacen. Al lector *hater* todos los libros le parecen desagradables, mientras que, para el crítico, existen muchos libros buenos.

#15. Lector para aprender

Estos lectores solo leen no ficción: autoconocimiento, finanzas personales, tutoriales, etc. No gustan de las novelas, los relatos o la literatura en general y su lectura está orientada a un fin claro: aprender algo.

#16. Lector paciente

El lector paciente es un tipo de lector de un libro a la vez que procede con lentitud y constancia hasta terminar la lectura. Hay lectores pacientes que están meses leyendo el mismo libro, aunque sea breve.

#17. Lector influenciable

Lector influenciable es el que no tiene criterio propio, lee los libros anunciados en internet o los que alguien le recomienda. Este tipo de lector suele ser «víctima» de las modas literarias.

#18. Audiolector

A los audiolectores suele aburrirlos la lectura de libros en papel o en *e-book* y prefieren escuchar audiolibros.

Estos lectores son multitarea, porque pueden realizar sus actividades diarias al mismo tiempo que disfrutan de un buen libro.

#19. Lector público

Los lectores públicos son los que hablan todo el tiempo de lo que leen: lo publican en Instagram, lo escriben en un blog, lo comparten en estados de WhatsApp… Algunos de estos lectores se preocupan más por la pose que por la lectura en sí misma.

#20. Relector

El relector es un tipo de lector que vuelve una y otra vez sobre los mismos libros. Los relectores repiten sus lecturas igual que esas personas que ven la misma serie o la misma película muchas veces.

#21. Lector destructor

El lector destructor va un paso más allá del *hater*: pinta el libro, lo raya, le arranca las hojas y lo maltrata de todas las maneras imaginables.

#22. Lector bibliófilo

Los lectores bibliófilos son fanáticos del libro como objeto. Este tipo de lector por lo general tiene una bella biblioteca y solo compra obras bien encuadernadas, de tapa dura y aspecto lujoso.

#23. Lector fan

Estos lectores son los que leen un solo autor o una única saga y no se interesan por otras obras. *Crepúsculo*, *Harry Potter* y *El código Da Vinci* son buenos ejemplos de lo que eligen los lectores fanáticos.

#24. Lector extrovertido

Los lectores de tipo extrovertido hablan de manera abierta sobre sus lecturas sin intenciones de alardear, solo por el placer de compartir su experiencia con los demás. Los lectores extrovertidos son maestros a la hora de recomendar libros.

#25. Lector introvertido

Este es un tipo de lector opuesto al anterior. Lector introvertido es el que lee solo para sí y no lo comparte con nadie. Los lectores introvertidos a veces son eruditos que desean pasar inadvertidos.

Plataformas para publicar libros

Las 9 principales plataformas para publicar libros

1. Amazon KDP.

2. Draft2Digital.

3. Casa del Libro.

4. Bubok.

5. Lulu.

6. Google Play.

7. iBookstore.

8. Kobo.

9. Lektu.

En este capítulo haremos una comparación rápida entre tres de las principales plataformas para publicar libros de manera independiente: Amazon KDP, Draft2Digital y Casa del Libro.

Durante los primeros años nuestra editorial buscaba cubrir todas las plataformas del mercado, publicando en cada una de ellas. Pero con el paso del tiempo, a medida que ganábamos experiencia, descubrimos que no todas las plataformas son igualmente convenientes y optamos por enfocarnos en solo dos de ellas.

Si estás pensando en comenzar la autoedición de tu libro, aquí conocerás las plataformas para publicar libros más populares, sus pros y sus contras.

Casa del Libro: pulgares abajo

Casa del Libro es una gran librería española que comenzó su actividad en 1923 como punto de venta de la editorial Espasa-Calpe. En la actualidad tiene sucursales en toda España y también cuenta con su propia plataforma de autoedición. Los *e-book*s editados mediante esta plataforma se publican automáticamente en el sitio web de El Corte Inglés, una de las tiendas más populares de España. El renombre alcanzado por estas dos marcas, tanto Casa del Libro como El Corte Inglés, hace que muchos autores españoles sientan la tentación de publicar en esta plataforma.

Pero, luego de trabajar con ella durante algún tiempo decidimos dejarla de lado completamente hace ya bastantes años. ¿Las razones? Primero: técnicamente, su funcionamiento es deficiente. Segundo: el volumen de ventas deja mucho que desear, no tiene punto de comparación con otras plataformas para publicar libros. Tercero: el servicio de atención al cliente brilla por su ausencia, jamás se toman la molestia de contestar un correo electrónico ni mucho menos una llamada telefónica.

Por estos motivos no te recomendamos publicar en Casa del Libro.

Ventajas e inconvenientes de Draft2Digital

Es fácil de usar.

La web es intuitiva y el proceso de maquetado es simple.

No tienen guía de estilo.

Solo da un par de consejos para maquetar la obra:

«Omite las páginas de título y de derechos de autor. Ni siquiera los escribas. Solo cuéntanos la historia y déjanos hacer las partes técnicas.

Marca tus capítulos con algo distintivo y sé coherente. Hazlo centrado y en negrita, o con una fuente más grande, o usa un estilo de encabezado. Haz algo para diferenciar los títulos de los capítulos, y haremos todo lo posible para reconocerlos».

Distribuye en importantes tiendas:

- Amazon
- Apple Books
- Barnes & Noble
- Kobo (incluido Kobo Plus)
- Smashwords Store
- Tolino
- OverDrive
- Bibliotheca
- Scribd

- Baker & Taylor

- Hoopla

- Vivlio

- BorrowBox

- Odilo

El servicio de atención al cliente es bueno (al menos presumen de ello).

Dicen que «puede llamar a nuestra línea de soporte y hablar con un ser humano real durante nuestro horario comercial habitual, o enviarnos un correo electrónico en cualquier momento».

Puedes obtener gratis un PDF de tu libro.

Esto sirve para obtener una copia física de la obra.

Se pueden programar descuentos de precio y preventas.

Su tarifa en la mayoría de las tiendas digitales es aproximadamente el 10 % del precio minorista (el 15 % de las regalías netas).

Acepta varios métodos de pago.

Cheque, PayPal, transferencia bancaria y Payoneer. Si vives en Latam recomendamos usar Wise, porque es la opción que tiene las comisiones más bajas y es como si tuvieras una cuenta bancaria en EE. UU.

Proporciona un ISBN gratuito.

Los inconvenientes principales serían que distribuye en menos tiendas que su principal competidora y que tiene menos herramientas de marketing para autores.

Amazon: el rey de la autoedición

Amazon comenzó como una tienda de libros tradicionales en papel que podían comprarse a través de internet, luego eran enviados al comprador por correo postal. Rápidamente, la empresa se diversificó y empezó a comercializar mercancías de toda clase. En 2007 encabezó una verdadera revolución comercial tras el lanzamiento de su dispositivo emblemático, el Kindle, especialmente diseñado para leer *e-books*.

La explosión editorial vino acompañada de un crecimiento fenomenal en el valor de la marca Amazon y quizá esta es la mayor ventaja de publicar en esta plataforma: es popular en todo el mundo.

Una de las características por las que Amazon es más competitiva que las otras plataformas para publicar libros es que su sistema es fácil de usar, es «amigable» con el usuario, no requiere un proceso de maquetación tan exigente e incluso acepta que los archivos de tu libro estén en Microsoft Word.

Publicar en Lektu

Otra alternativa a Amazon, aunque sin el enorme impacto y distribución que tiene el gigante del *e-commerce*, es Lektu. Te ofrece la posibilidad de poner un precio fijo a tu libro, un pago social al compartir la obra en redes sociales, ponerlo gratis y el comprador puede pagar lo que quiera si le gusta, poner un precio dentro de un mínimo y un máximo puesto por el autor o regalar el libro si alguien te sigue en Twitter. Son muchas opciones y esto ofrece una gran flexibilidad a los escritores que opten por Lektu.

Al igual que en otras plataformas el libro deberá ser revisado antes de que autoricen su publicación y te dan la opción de regalar ejemplares de cortesía, crear códigos promocionales o participar en su programa de afiliados.

La voz de la experiencia

Después de muchos años trabajando en el mercado de los *e-book*s y de haber probado las diferentes plataformas disponibles, te recomendamos que utilices Amazon, principalmente. Su popularidad, su sistema de maquetación flexible y la posibilidad de editar simultáneamente en *e-book* y papel la convierten en la mejor opción.

Pero no descartes otras alternativas y atrévete a combinar Amazon con plataformas que te den ventajas complementarias, como Draft2Digital. Con esta alternancia podrás sacar el máximo provecho de las dos mejores plataformas de autoedición disponibles en el mercado.

Plataformas para publicar

La gran cantidad de plataformas para publicar libros disponibles para la autoedición de *e-book*s hace que muchos autores independientes se encuentren desorientados a la hora de elegir.

En Editorial Letra Minúscula tenemos una amplia experiencia en la publicación de *e-book*s, adquirida en muchos años de prueba y error que nos llevaron a elegir ciertas plataformas y dejar de lado otras. Un ejemplo de plataforma que no recomendamos es Casa del Libro. Su servicio de atención al cliente y su volumen de ventas dejan mucho que desear.

La primera opción que recomendamos para publicar es Amazon, porque tiene un sistema de maquetación flexible y permite editar en papel y *e-book* en multitud de países, incluido España y EE. UU.

Otra plataforma que también aconsejamos es Draft2Digital, que permite publicar libros gratuitos por tiempo indefinido, tiene un sistema de pago sencillo y funciona como «agregador de libros» en 13 de las principales librerías en línea del mundo.

Para mejorar tu experiencia, te sugerimos alternar el uso de Amazon y Draft2Digital, de manera que puedas explotar al máximo el potencial de ambas plataformas sin dar exclusividad permanente a ninguna de ellas.

Publicar libro tapa dura en Amazon

Los libros de tapa dura de Amazon KDP surgieron como respuesta a una necesidad concreta de los autores y lectores que pedían este formato. Vender libros de tapa dura es una interesante manera de darles más opciones a tus lectores y ofrecer ediciones de alta calidad de tu libro.

Continúa leyendo y conocerás todas las características de los libros de tapa dura de Amazon, cómo publicarlos y qué ventajas tienen para ti.

¿Qué diferencia hay entre tapa blanda y tapa dura?

Los términos «tapa dura» hacen alusión a un tipo de cubierta de libro rígida, por lo general hecha de cartón de 2 mm de espesor. Los libros de tapa dura tienen un proceso de fabricación especial cuyo resultado son ejemplares robustos, más duraderos que los libros de tapa blanda. Manipular un libro de tapa dura es agradable y muchas personas eligen libros en este formato para hacer un obsequio especial.

Más allá de las diferencias obvias de formato, los libros de tapa dura impresos por Amazon KDP tienen una serie de particularidades que los diferencian de los de tapa blanda.

Otro nombre que suele darse a los libros de tapa dura es «libros de pasta dura». Los libros de tapa blanda, por su parte, suelen ser llamados «libros de pasta blanda».

En inglés, los libros de tapa dura se denominan *hardcover* y los de tapa blanda, *paperback*.

#1. Importe fijo

Hay un importe fijo diferente. La página de ayuda de Amazon KDP ofrece la siguiente fórmula para calcular el coste de impresión de un libro de tapa dura:

Importe fijo + (recuento de páginas x gasto por página) = gasto de impresión.

#2. Precio de libros de tapa dura

Al tener un coste de producción más elevado, los libros de tapa dura son más caros que los de tapa blanda.

Por otra parte, las regalías por libros de tapa dura son un tanto inferiores a las que obtienes por vender libros de tapa blanda. Por ejemplo, un libro de tapa blanda de 150 páginas vendido a 15 € te dejará una ganancia de 6,60 € por venta, mientras que un libro idéntico, pero de tapa dura, solo te dará 2,70 €. Puedes realizar tus propios cálculos en el Calculador de regalías y gastos de impresión oficial de Amazon KDP.

#3. Tamaño de impresión para libros de tapa dura

Amazon KDP ofrece los siguientes tamaños para libros de tapa dura: 13,97 x 21,59 cm (5,5" x 8,5"), 15,24 x 22,86 cm (6" x 9"), 15,6 x 23,39 cm (6,14" x 9,21"), 17,78 x 25,4 cm (7" x 10") y 20,96 x 27,94 cm (8,25" x 11").

Para libros de tapa blanda tienes muchas más opciones de tamaño.

Cómo publicar un libro de tapa dura en Amazon: guía paso a paso

Ahora te explicamos la manera de publicar libros de tapa dura en Amazon KDP.

#1. Elegir detalles de tu libro de tapa dura

Ve a tu biblioteca de Amazon KDP y haz clic en el botón «+ Crear». A continuación, elige «Crear libro de tapa dura». Ya puedes poner el título, el subtítulo, la descripción y todos los demás detalles de tu libro. Haz clic en «Guardar y continuar».

#2. Subir contenido del libro de tapa dura

En esta parte del proceso debes cargar el manuscrito y la portada de tu libro en dos archivos separados.

#3. Declaración de derechos y precio del libro de pasta dura

En este último paso debes informar a Amazon sobre los derechos comerciales de tu libro. Después debes elegir una tienda como base y decidir el precio de venta al público.

¡Listo! En menos de 72 horas tu libro de tapa dura estará disponible para comprar.

#4. Vender libro de pasta dura en Amazon

Recuerda que puedes publicar tu libro de tapa dura en las tiendas de Amazon de los siguientes países: Estados Unidos, Reino Unido, España, Alemania, Holanda, Polonia, Suecia, Francia e Italia. Si tu país no está en la lista, pon tu libro de tapa dura a la venta en Amazon.com.

#5. Publicar en tapa dura un libro ya disponible en tapa blanda

Si ya publicaste tu libro en pasta blanda, puedes reutilizar los detalles de esa publicación. Si el tamaño de tu libro de tapa blanda está permitido para tapa dura, el archivo del manuscrito puede ser el mismo. En cuanto a la portada, puedes usar la que empleaste para la versión en tapa blanda, aunque debes realizarle algunos ajustes al tamaño de los márgenes. Amazon te proveerá una plantilla personalizada para crear un documento con las características exactas.

Libro pasta dura o pasta blanda

¿Conviene vender libros de tapa dura en Amazon? Pues, sí y no. ¿Por qué damos esta respuesta ambigua? Sucede que, a decir verdad, estos libros no son los que más se venden. Sumado esto al hecho de que no dejan mucho dinero en concepto de regalías, el formato no es el más tentador del mercado.

Sin embargo, en algunos nichos particulares, los libros de tapa dura tienen una acogida especial, sobre todo las obras infantiles y la literatura de culto. Además, muchas personas valoran los libros de tapa dura por encima de los de tapa blanda y los atesoran como verdaderas reliquias. El formato tapa dura también es conveniente para libros de uso frecuente como manuales, diccionarios y otros textos de consulta permanente.

Formatos más vendidos en Amazon

En cuanto a las ventas de Amazon, los libros impresos siguen superando a los *e-books*. A pesar de la popularidad y la conveniencia de los lectores electrónicos, los libros impresos constituyen más del 75 % de las ventas de unidades de Amazon. De estas ventas de libros impresos, las ediciones en tapa blanda son las que más se venden debido a sus precios más bajos. Amazon vendió 611 millones de libros impresos en 2021 y generó 16 400 millones de dólares en ingresos, donde aproximadamente el 70 % de las compras de impresos son en formato de tapa blanda.

Adicionalmente, un informe indicó que Amazon vende tres veces más libros impresos que *e-books*. Solo tres de cada diez adultos en Estados Unidos prefieren los libros digitales a los impresos. A nivel mundial se observa una tendencia similar: los libros impresos son más populares que los *e-books* en varios países.

Por lo tanto, aunque los *e-books* son una opción cada vez más popular, especialmente en ciertos géneros como romance, ciencia ficción y misterio, los libros impresos, particularmente en formato de tapa blanda, siguen dominando en términos de ventas totales.

¿Vale la pena publicar tu libro en tapa dura?

Imprimir un libro en tapa dura es más caro y muchos lectores se lo piensan varias veces antes de comprarlo. Los libros en tapa dura en Amazon cuestan más o menos el doble de lo que cuesta fabricarlos en tapa blanda.

Grosso modo, la respuesta es no. En la mayoría de los casos, publicar un libro solo en tapa dura no conviene. Es cierto que ver nuestro libro publicado en este formato de mayor calidad nos ilusiona como autores. Más allá de esta satisfacción personal, el impacto que puede tener la tapa dura en el volumen de tus ventas es escaso. Es verdad que la tapa dura tiene un aspecto profesional y constituye una opción más para tus lectores. Sin embargo, estos factores no se ven reflejados en un incremento notable de los ingresos.

En la cuenta de Amazon KDP de Editorial Letra Minúscula la venta de libros en tapa dura representa el 2 % de nuestras regalías. Por lo tanto, el impacto es casi irrelevante.

Desde el punto de vista técnico, adaptar un libro de tapa blanda a tapa dura es algo sencillo. Lo recomendable es comenzar publicando en *e-book* y, de manera simultánea, en papel, primero en tapa blanda y luego en tapa dura. Otro formato que puede resultarte interesante es el audiolibro.

Hay un público que tiene un gusto especial por los libros como objetos para atesorar o llevar de aquí para allá en un viaje o en el día a día. Nos referimos a los niños. Los pequeños lectores prefieren libros de tapa dura, sobre todo aquellos que tienen imágenes de colores. Amazon lo sabe y se lo toma en serio, por eso solo ofrece la variedad *premium* de impresión a color en este formato.

Algunos libros de tapa dura que pueden generar buenas ventas son los atlas, las agendas, las colecciones de obras literarias clásicas, los diarios, los catálogos, los libros de fotografía y de arte y todos aquellos nichos de mercado en los que el libro como objeto físico es importante. En estos casos vale la pena ofrecer una edición de calidad superior.

SEGUNDA PARTE

Consejos de marketing

Copywriting para escritores

¿Quieres vender más libros? Necesitas un buen *copywriting* para escritores. Pero... ¿qué es el *copywriting*? ¿Cómo puede ayudarte a vender más libros? ¿Cómo se hace un *copywriting* que funcione de verdad?

Continúa leyendo y conocerás las enormes ventajas que un buen *copywriting* para escritores puede traer a tu carrera literaria.

Copywriting para escritores: definición

El *copywriting* es una manera especial de escribir para persuadir, para convencer a los demás. Convencerlos... ¿de qué? Pues, de comprar, entre otras cosas.

El *copywriting* para escritores consiste en escribir textos que convenzan a los lectores para que realicen acciones: suscribirse a un canal de YouTube, dejar un comentario en una entrada de blog, dejar una reseña positiva en Amazon, etc.

Copy es otra manera común de llamar al *copywriting*. Hacer el *copy* de un libro es escribir textos publicitarios modernos que impacten de manera directa en las emociones del lector y despierten su deseo de comprar ese libro.

Ventajas del *copywriting* para escritores

A través de la publicidad podemos crear la identidad de un producto tal como queremos que la conozca el espectador. En este sentido, el *copywriting* de libros es una parte del *branding*, es decir, la construcción de una imagen de marca. El *copywriting* de libros nos permite elegir los mejores atributos de nuestro trabajo literario y comunicarlos de manera original e impactante.

Las ventajas del *copywriting* para escritores son las siguientes:

#1. Generar confianza en tus lectores

El *copywriting* es una manera de iniciar el diálogo con tu audiencia. «¿Quieres bajar de peso sin medicinas? Mi libro te enseñará a hacerlo», «Si te gustan los libros de Stephen King, amarás esta novela de misterio», «Este es un manual imprescindible para todo emprendedor serio».

Todas estas frases promocionales interpelan al lector modelo del libro que anuncian. Estos textos parecen simples, pero se meten de lleno con los valores positivos reconocidos por los lectores del género. Cuando el lector ve que te tomas el tiempo de hablarle «en su mismo idioma», confiará en ti.

#2. Vender más libros

Esta es la ventaja más notable de hacer un buen *copywriting*. Sin embargo, para llegar a la conversión de la venta, primero necesitas generar el *engagement*, un vínculo estrecho con tu audiencia. El *copywriting* para escritores te permite conocer a tus lectores y cultivar una relación a largo plazo basada en los valores que compartes con ellos.

#3. Tú tienes el control del *copywriting*

El *copywriting* es un diálogo que empieza del lado del vendedor. En efecto, es el escritor quien toma primero la palabra y elige cómo empezar la comunicación y qué tipo de ideas poner en el foco de atención. El *copywriting* te da la oportunidad de transmitir a los lectores el sentido que tú quieres darle a tu propio libro, destacando sus características principales y sus fortalezas.

Errores a evitar en *copywriting* para escritores

No todo lo que reluce es oro. El *copywriting* para escritores es una herramienta que debe usarse con sabiduría y mesura.

No hagas *clickbait*, esa técnica de manipulación que consiste en usar miniaturas y vistas previas engañosas y poco éticas que nada tienen que ver con el contenido de tu libro.

No hagas *spam*, nadie quiere a los vendedores demasiado insistentes.

No hagas *spoilers*, no adelantes todo el contenido de tu libro. Si lo haces, muchos lectores evitarán comprarlo.

Estrategias de *copywriting* para escritores

Ahora te enseñamos las principales estrategias para un *copywriting* exitoso de tu libro y tus redes sociales de escritor. Estas estrategias también funcionan para páginas web.

#1. Citas de autoridad

Este es un recurso clásico. Para vender un libro de cierto nicho literario, nada mejor que el comentario positivo de una autoridad en la materia. Envía tu libro a escritores famosos de la misma temática. Si te dan una opinión positiva, puedes citarla en la contraportada, lugar especial para textos promocionales.

#2. Lógica del recurso escaso

Este es otro clásico del marketing: todos hemos conocido ofertas «solo por hoy» o «hasta agotar *stock* de cien unidades». Una forma moderna de hacer esto es promocionar tu libro con el programa KDP Select. Allí puedes poner un *e-book* gratis durante cinco días cada noventa días. Entonces tiene sentido hacer un *copy* que diga «Promoción por tiempo limitado, descarga gratis mi libro hasta la fecha tal».

#3. Despertar curiosidad

«Solo te tomará menos de un minuto y los resultados durarán toda tu vida». ¿De qué estamos hablando?

Pues, no lo sabemos, aunque ¿quién no sentiría curiosidad de hacer clic al menos para ver de qué se trata?

#4. Procurar prueba social

Un buen *copy* para escritores te dará prueba social. La buena publicidad deja recuerdos imborrables en las personas. Todos podemos recitar de memoria canciones y eslóganes publicitarios de nuestra niñez. Si tu *copywriting* es efectivo, construirás una reputación como escritor, los lectores te reconocerán como tal.

#5. Usar el *storytelling*

El *storytelling* para escritores es una manera de construir tu marca de autor comunicando tu identidad, tus valores y tu trayectoria. Te permitirá darle contenido a tu *copywriting* de escritor, les pondrá corazón a tus palabras.

¿Cómo hacerlo de manera correcta?

Si quieres hacer un *copywriting* eficaz para difundir tu trabajo literario, haz lo siguiente.

#1. Conecta con el usuario

La función primordial del *copywriting* es conectar con el usuario de tus redes, la persona que consume tus contenidos literarios. Para lograrlo tienes que centrarte en las emociones del lector, despertarle curiosidad y deseo. Centrándote en las emociones conseguirás las mejores respuestas del público.

#2. Concéntrate en tu lector ideal

Tómate el tiempo necesario para imaginar cómo es tu lector ideal y cómo quieres que interactúe con tus contenidos.

#3. Sé original

No repitas la misma fórmula de siempre. «Compra ahora» es una frase que no aporta nada. Busca darle una recompensa genuina a tu lector, haz que el tiempo invertido en responderte valga la pena.

#4. Simplifica

En *copywriting*, menos es más. Escribe frases cortas con lenguaje simple. Haz diseños limpios y sencillos, una palabra y una flecha roja pueden traerte miles de ventas.

#5. Investiga y copia

Busca ejemplos de cómo han hecho el *copy* los autores consagrados y copia sus técnicas. No hay nada de malo en ello, ¿te parecería mal copiar esculturas de Miguel Ángel para aprender a esculpir?

#6. Aporta valor a tu público

Brinda contenidos de calidad, sean gratuitos o de pago. Los lectores vuelven a aquellos sitios que se toman en serio la literatura. Utiliza tus redes sociales para compartir información sobre tu nicho y fidelizar más seguidores.

#7. Explica de forma sencilla

Olvídate de rodeos y detalles superfluos. Ve al grano, busca una comunicación directa y sin ambigüedades.

#8. Piensa bien los titulares

Poner palabras clave en los encabezados de tus textos es la base para que los buscadores los muestren en los primeros resultados de búsqueda.

#9. Escribe para personas, no para Google

No escribas de manera robotizada, piensa en tus lectores como seres humanos con emociones. Cuida tu prosa, elige adjetivos agradables y no repitas en cada línea la misma palabra clave.

#10. La pirámide invertida

La pirámide invertida es una antigua práctica editorial que tiene resultados excelentes. Consiste en escribir lo más importante al principio y disminuir la relevancia de la información de manera gradual, a medida que avanza el texto.

#11. Cuida la ortografía

Una «h» faltante podría ser la causa de que tus ventas se estanquen en cero. Corrige todo lo que vayas a publicar, hasta el párrafo más insignificante.

#12. No te pases con las bromas y la ironía

El buen humor es uno de los signos principales de la inteligencia. Un doble sentido ingenioso puede causar impacto positivo en tus lectores y llevarlos a comprar tu libro o suscribirse a tus redes sociales. Sin embargo, no conviene abusar de este recurso porque una broma en cada párrafo le quita seriedad a cualquier texto.

#13. Estudia *copywriting*

El *copywriting* está de moda, pese a que no es algo nuevo. La publicidad orientada a persuadir existe desde que se inventó el comercio. La modernidad trajo consigo una serie de reglas y técnicas nuevas que se estudian a nivel universitario. En internet puedes encontrar mucha más información sobre estrategias, técnicas, métodos y pautas para hacer un *copywriting* profesional para tu libro.

Cómo crear contenido para tus lectores

El modelo tradicional de ventas consistía en producir un artículo (un libro, una bebida, un coche) y anunciarlo de manera masiva, para el gran público.

En la actualidad, el marketing para escritores parte de una base diferente: la segmentación del público. Ahora los contenidos publicitarios sobre un producto se dirigen hacia el sector de la audiencia más interesado en ese producto en especial.

¿Cómo puedo conectar con personas interesadas en mi libro? ¿Cómo hago para generar *engagement* (conexión) y crear un vínculo emocional con mis lectores? La respuesta es el marketing de contenidos. En este capítulo vamos a enseñarte a crear contenidos de calidad que enamoren a tus lectores y multipliquen las ventas de tu libro.

Continúa leyendo y conocerás los mejores trucos para agregar valor a tu marca de escritor creando contenidos fáciles de compartir y atractivos para tus lectores.

Trucos para crear contenidos literarios

Las técnicas para la creación de contenidos *online* no son ningún secreto. Por el contrario, basta con leer algunos artículos de blog y ver vídeos de YouTube o Instagram para encontrar ejemplos de marketing de contenidos. En todos los casos, lo más importante es generar interés en la audiencia compartiendo información útil y de calidad presentada de una manera llamativa.

Lo primero que debes hacer es conocer bien tu nicho literario. Define con claridad el género de tu libro. Mientras más precisa sea esta definición, más fácil te resultará elegir los temas para crear tus contenidos literarios. Por ejemplo, si escribes novela romántica para adolescentes, ya cuentas con tres palabras clave que definen la esencia de los contenidos que debes crear para tu audiencia (*novela*, *romántica* y *adolescentes*).

Muchos autores creen que su trabajo termina al publicar el libro. ¡Gran error! Mira este ejemplo: el libro *Escritor de éxito* ha conseguido posicionarse como una obra de referencia a nivel mundial en el campo de la autoedición. Esto solo pudo lograrse gracias a los miles y miles de seguidores en nuestras redes sociales. Muchos escritores independientes y aficionados a la literatura descubrieron nuestros contenidos cuando buscaban información sobre autopublicación y temas relacionados.

El contenido es la base del marketing

Las redes sociales son una poderosa herramienta publicitaria para escritores, sin embargo, sin contenidos para publicar en ellas, la difusión de tu libro no llegará lejos. No es suficiente crear una página en Facebook, una cuenta de Instagram o un canal de YouTube si no publicas en ellos con regularidad. Necesitas darle algo a tu audiencia, algo que le guste y despierte su interés por tu trabajo como escritor. Cuando compartes contenidos de calidad estableces un vínculo con tus lectores, una relación duradera que podría derivar en la compra de tu libro.

La conversión de «Me gusta» en ventas es un proceso largo. No obstante, una vez que comienzas a enganchar a tu público con los contenidos que publicas, vender libros se vuelve inevitable por una cuestión estadística. En efecto, si tienes muchos seguidores o muchas reproducciones, una parte de ese público va a comprar tu libro. ¡No tengas dudas de ello!

Creación de contenido para marketing de no ficción

Los autores de no ficción tienen una pequeña ventaja: los mejores contenidos para escritores de no ficción son, en cierta forma, una continuación del libro, una expansión de la obra publicada.

Imagina a un autor que escribió el libro *Cómo educar a tu perro*, donde reúne los principales consejos y las técnicas más comunes de adiestramiento animal. Ese autor tiene la posibilidad de explayarse más creando un pódcast, un blog o un canal de YouTube donde explique con detalle los temas que quedaron fuera del libro. ¿Cómo cuidar a mi perro en vacaciones?, ¿cómo adiestrar perros de una raza en particular?, ¿cuál es el mejor perro para los niños? Los temas son muchos y una búsqueda en Google es suficiente para comenzar a descubrirlos.

Cuando creas contenidos literarios para tus redes sociales estás produciendo conocimiento, y el conocimiento no tiene límites. Editorial Letra Minúscula podría publicar un vídeo diario durante treinta años sin que se acaben jamás los temas interesantes para el público. Tú puedes hacer lo mismo, sin importar el género que escribas.

Marketing para autores de ficción

Toda novela puede enmarcarse bien en un género particular y en un tema concreto. Hablemos, por ejemplo, de novela histórica sobre los templarios. ¿Cuánto se puede hablar sobre templarios? Pues, podemos hablar de la historia de los templarios, de los tipos de templarios que existieron, de la maldición de los templarios sobre Felipe IV de Francia, de otros libros sobre templarios, de series sobre templarios, etc.

Esto es válido para todos los géneros y todas las temáticas de ficción.

Creación de contenidos: ¿cómo es tu público?

Imagina a tu lector ideal, trata de hacerte una buena idea de cómo son aquellas personas a las que les interesaría tu libro. No es lo mismo escribir para corredores de bolsa de Nueva York que hacerlo para maestras de Murcia. Cada nicho literario tiene un lector modelo bien definido. Descubre el tuyo.

Insistimos en este tema porque es fundamental. Para vender un libro necesitas compradores. Gran parte de tus compradores está entre aquellas personas que consumen los contenidos que generas. Es tan simple como eso. El libro no basta para crear una audiencia. La manera de atraer a las personas interesadas en tu obra literaria es ofrecerles contenidos extras de manera gratuita.

Cómo crear los mejores contenidos literarios: guía paso a paso

Ahora te daremos las principales estrategias para la creación de contenidos literarios espectaculares.

#1. Brinda información útil

No transformes tus contenidos en una «oda al *spam*». Comparte datos fiables, de buenas fuentes. Resuelve dudas de tus lectores de manera rápida y original. Puedes hacerlo en una página web, en redes sociales como Facebook, Instagram, TikTok, YouTube o la que más te guste.

#2. Escribir un blog sobre libros

Tu blog literario no debe ser solo una referencia a ti y tus obras. Haz reseñas de otros libros de tu género o tus temas favoritos. Cada nicho literario tiene uno o más autores consagrados. Hablar sobre ellos te dará relevancia en las búsquedas de los lectores.

#3. Crear contenidos en formato lista

Las listas le gustan a Google y también a los usuarios del buscador más famoso. La información distribuida en listas numeradas permite hallar palabras o conceptos clave con mayor facilidad.

#4. Contenidos literarios en Facebook

Las imágenes cuadradas con textos grandes son ideales para esta aplicación. También puedes escribir artículos y publicar contenidos en páginas y grupos.

#5. Crear contenidos sobre libros para Instagram

La estrella de Instagram son las historias en vídeo, aunque también puedes publicar imágenes. Ya sea que elijas una u otra opción, no olvides poner etiquetas para identificar tus contenidos: #libros, #literatura, #literario, etc.

#6. Los contenidos extensos son mejores

Google privilegia los contenidos largos y suele darles más exposición. Tómate tu tiempo para explicar bien cada concepto, añade detalles y listas de consejos, características, ventajas, etc.

#7. Escribir contenidos para buscadores

Crear contenidos literarios para internet es, en cierta manera, escribir para buscadores. El consejo más importante que debes tener en cuenta cuando escribes texto para internet es el siguiente: utiliza palabras clave. Realiza una búsqueda sobre el tema del que vas a hablar y escribe una lista de palabras clave centrales. Úsalas en los títulos principales y secundarios y en el contenido principal del texto.

#8. Hacer llamadas a la acción

Una vez que captures la atención de tus lectores, aprovecha para pedirles pequeñas acciones que reafirmen el vínculo. Pídeles que se suscriban a tu canal o que sigan tu cuenta, pide clics en el botón de «Me gusta» y solicita que activen las notificaciones. También puedes invitar a tus lectores a dejar comentarios y pedirles que descarguen tu libro gratis o animarlos a comprarlo.

#9. Descubre intenciones de búsqueda

Tus contenidos literarios en internet pueden tener un crecimiento espectacular si hablas de un tema sobre el que nadie ha hablado todavía. En cada nicho literario hay muchos temas poco explorados. Si eres el primero en crear contenidos sobre ellos, te aseguras una estupenda base de lectores.

#10. Sinergia entre contenidos

Una vez que comiences a crear contenidos en distintas redes sociales, compártelos en tu blog. Allí también puedes publicar un enlace a la página de venta de tu libro en Amazon. Si vas a publicar un *e-book*, ten en cuenta que en él puedes poner enlaces hacia tus redes sociales y a tu blog. No dejes pasar la oportunidad.

#11. Expandir contenidos antiguos de un blog

Cuando consigas posicionar un artículo de tu blog debes mantenerlo actualizado añadiendo información de forma periódica. El buscador lo detectará y mantendrá tu contenido arriba en las búsquedas.

Errores blog de escritor

Los errores en un blog de escritor pueden ser muchos y variados. Publicar un blog literario con errores podría hacer que las ventas de tu libro se estanquen.

Si quieres vender más libros, un blog literario bien hecho es una de las mejores herramientas de marketing para escritores.

Continúa leyendo y descubrirás todo lo que necesitas saber para crear y mantener un blog de escritor que reciba miles de visitas e interacciones al mes.

¿Qué es un blog de escritor?

Un blog de escritor es una página web donde publicas artículos sobre diversos temas literarios. Puedes reseñar libros de otros autores, puedes compartir relatos y poemas de tu autoría.

En un blog de escritor también puedes publicar teoría y crítica literaria. La ventaja de los blogs es que te dan la oportunidad de tratar de manera directa con los lectores, conseguir *engagement* y consolidar tu audiencia.

La manera más efectiva de hacer un blog literario que se posicione bien y genere autoridad de dominio es utilizar el software de WordPress. Aunque en teoría se puede usar WordPress con algún almacenamiento gratuito, contratar un *hosting* de pago es la opción que eligen los escritores profesionales.

Errores fatales en un blog literario

Ahora veremos una serie de errores imperdonables a la hora de crear y mantener un blog de escritor. Para que tu blog literario sea popular entre los lectores, evita caer en los siguientes errores:

#1. Hacer un blog de escritor sin un objetivo

¿Para qué quieres publicar tu blog de autor? ¿No lo sabes? ¡Es el momento de pensarlo! Puedes hacer un blog para compartir fragmentos gratis de tu obra literaria. Puedes tener un blog para compartir información sobre técnicas narrativas o para reseñar novelas de otros autores. También puedes hacer un blog de escritor para obtener más ventas de tu libro. Estos objetivos no se excluyen entre sí, pero debes tomar conciencia de ellos y desarrollarlos de manera organizada.

#2. Crear blog de escritor sin planificar

Ningún producto literario sale bien si se deja librado al azar. Crea una agenda con plazos concretos: crear el blog en cierta fecha, publicar tantos artículos para comenzar, actualizar la página con una entrada cada tantos días, etc.

#3. Escribir un blog literario sin lector ideal

Todo texto tiene un lector ideal. En algunos casos es más evidente que en otros. Las novelas románticas, por ejemplo, suelen estar dirigidas al público femenino. Piensa con detenimiento qué tipo de lector se sentirá más identificado con lo que escribes en tu blog. ¿Qué edad aproximada tiene? ¿Cuáles son sus gustos literarios? ¿Qué otras actividades realiza además de la lectura?

#4. No publicar contenidos en tu blog de escritor

Por fin conseguiste publicar tu libro y, como parte del marketing, hiciste un blog de escritor. ¡Enhorabuena! Ahora bien, si pagaste un servicio de almacenamiento y compraste un dominio de internet, ¿por qué dejas que tu blog muera en el abandono? ¡Crea nuevo contenido para publicar hoy mismo!

#5. No aportar valor

La clave para fidelizar a los lectores de tu blog literario es crear contenidos de su agrado, textos que agreguen valor y enriquezcan su experiencia. Los tutoriales y manuales con consejos prácticos son un tipo de contenido valorado por los lectores de blogs. También puedes ofrecer fragmentos de textos literarios extensos o crear textos originales exclusivos para el blog. Si no aportas valor, perderás lectores con facilidad.

#6. No aprender a escribir texto SEO

El texto SEO es una manera especial de escribir para internet enfocándote en palabras clave.

#7. No combinar con redes sociales

Las redes sociales continúan siendo la gran *vedette* de internet. Facebook, Instagram, TikTok y otras plataformas masivas concentran miles de millones de visualizaciones a diario. Comparte contenidos de tus redes en tu blog de escritor y pon enlaces a tu blog en tus redes.

Errores comunes en blog de escritor

Además de los errores principales ya mencionados, existen también otros fallos importantes que podrían impedir el crecimiento de tu blog literario. Veamos algunos de ellos.

#1. Usar fondos con demasiado contraste

Lo más recomendable para una página web basada en texto es usar tipografía negra sobre fondo blanco. Evita combinar colores complementarios como, por ejemplo, amarillo y violeta. Esas combinaciones hacen que tu texto sea casi ilegible.

#2. No poner enlaces a páginas con autoridad

Internet es una gran fuente de conocimiento. Los contenidos mejor posicionados suelen ser aquellos que dirigen a páginas de mayor autoridad. Por ejemplo, si escribes novela romántica, puedes poner enlaces a artículos académicos sobre ese nicho literario.

#3. Copiar otros blogs literarios

¡Cuidado con el plagio! Muchos blogs literarios registran todo su contenido y, si tomas la pésima decisión de apropiarte de él, podrías recibir una reclamación. No te expongas a ello, crea contenidos originales y aprende a citar otros textos de manera correcta.

#4. Contar tu vida personal

Hacer un blog de escritor es una manera inteligente de comunicarte con tus lectores. No desaproveches esa oportunidad narrando nimiedades de tu vida personal. Si tienes el deseo de contar esas cosas, hazlo fuera de tu blog de escritor.

#5. Usar el blog para criticar

Algunos autores tienen la creencia errónea de que avivar la polémica es la mejor manera de obtener tráfico web. Eso no es cierto. Evita las críticas no constructivas hacia otros escritores. No toques asuntos polémicos con el solo fin de obtener algunos clics. Si lo haces, la calidad de tu blog literario descenderá tarde o temprano.

#6. No colaborar con blogs de otros autores

Internet comenzó como una comunidad de personas reunidas en torno a intereses comunes. Décadas después, los blogs conservan esa impronta. Interactúa con otros blogueros de tu nicho. Una estrategia clásica es poner cada uno un enlace al sitio del otro en el inicio de su blog.

#7. No usar protocolo HTTPS

Explicación sencilla: si no tienes el sistema HTTPS, una desagradable advertencia de peligro saldrá cada vez que alguien entre a tu blog. Además, algunos antivirus pondrán tu blog en una lista negra. ¿La solución? Comprar un certificado de navegación segura (SSL). Algunos servicios de alojamiento web te ofrecen SSL gratuitos con la tarifa básica. Realiza una pequeña búsqueda en Google y resuelve esta importante cuestión. Es fácil.

#8. Escribir sobre temas que ignoras

Comparte información de calidad. Si no conoces un tema, evita abordarlo. Muchos usuarios no te perdonarán los errores y podrían dañar tu reputación en internet.

#9. Usar Blogger

¿Cómo detectar a un bloguero literario aficionado? Pues, si la dirección de su blog incluye la palabra «blogspot», estás frente a un sitio que transmite poca credibilidad y no posiciona bien en las búsquedas.

#10. No tener estadísticas

Google Analytics te permite ver en tiempo real cómo se desempeña tu blog en internet. Cuántas visitas recibes, cuáles son los contenidos más populares, desde dónde ven tu blog, qué hacen en él, etc. Toda esa información y mucha más puede verse al instante si registras tu blog en este servicio de Google. Es gratis.

#11. No convertir el tráfico recibido

Si generas mucho tráfico, deberías considerar la posibilidad de convertir esas visitas en ganancias. Sin caer en el *spam*, ofrece tu libro a la venta, emplea enlaces patrocinados por terceros o pon anuncios discretos.

#12. Descuidar la ortografía

Entras al blog de un ingeniero y, nada más comenzar a leer, descubres que las ecuaciones están mal escritas. ¿Vas a confiar en ese ingeniero? Lo mismo ocurre con un blog literario y las faltas de ortografía.

#13. Poner títulos sin pensar

Los títulos de las entradas son el primer dato que leen los buscadores. ¡No los escribas al azar! Utiliza palabras clave e intenciones de búsqueda competitivas y bien definidas.

#14. Enfocarse solo en el diseño

En un blog sobre escritura, el diseño es secundario. Elige diseños minimalistas, fáciles de cargar y que no distraigan a tus lectores. Puedes incluir algunos detalles estilísticos, pero debes ser mesurado.

#15. No promocionar tus contenidos

Si tu blog no crece y no promocionas tus contenidos, estás perdiendo el tiempo. Ahora bien, si tu blog crece sin que hagas nada, también estás perdiendo la oportunidad de transformar lo bueno en algo genial.

#16. Olvidar el contenido antiguo de tu blog de escritor

Piensa en tu blog como si fuera tu hogar. ¿Dejarías que una habitación se venga abajo por el abandono, por más pequeña que sea? Eso es absurdo. Relee tus contenidos más antiguos y busca mantenerlos actualizados.

#17. No hacer *e-mail* marketing

El blog es un tipo de página web ideal para conseguir direcciones de correo y agregarlas a tu lista de difusión. Publica una gacetilla cada semana con las novedades de tu blog, tus próximos libros y toda la información que pueda interesar a tus lectores.

#18. Creer que publicar más es mejor

Publicar mucho en internet está bien, siempre y cuando sean contenidos de calidad. Escribir diez artículos sin emplear una sola palabra clave no conduce a ningún sitio.

#19. No responder comentarios o correos

Cuando respondes un comentario en un blog, las personas se sienten valoradas, descubren al ser humano que está al otro lado de esa fría ventana. No dejes pasar esta oportunidad inigualable de estrechar el vínculo con tu audiencia.

Errores blog de escritor: estos son los peores

Destacamos los siguientes errores en blog de escritor:

#1. No tener un blog de escritor

Si no estás en internet, podría decirse que no existes (al menos en términos de posicionamiento). Las redes sociales están bien, pero un blog te da el prestigio que ninguna red social tiene.

#2. No pensar en el lector ideal de tu blog literario

Cuando escribes un blog de escritor como si fuera un diario íntimo, escribes solo para ti, aunque lo hagas público. Piensa en la persona del otro lado de la pantalla y dirige tu mensaje a ella.

#3. No usar texto SEO en un blog de escritor

El texto SEO es tu puerta de entrada al posicionamiento web. Investiga cómo emplearlo y practica tu escritura.

Club de lectura para escritores

Un club de lectura es un grupo de personas que se reúnen de manera regular para hablar de obras literarias elegidas con anterioridad. Los clubs de lectura sirven para intercambiar opiniones, comentar ideas y descubrir nuevos sentidos a los textos elegidos. Si acabas de publicar un libro, iniciar un club de lectura puede ser una excelente opción para ti.

En los clubs de lectura, los lectores comparten intereses por un mismo género, un autor particular o una época literaria específica. Participar en clubs de lectura es una manera genial de hacer crecer tu carrera literaria.

Continúa leyendo y conocerás las enormes ventajas de crear un club de lectura y cómo organizarlo de manera eficiente y atractiva.

Qué se hace en un club de lectura

La actividad principal de todo club de lectura es leer libros y abrir el diálogo en torno a ellos. El debate puede ser libre, sin ningún tópico en particular, o puede estar orientado hacia una lectura específica de las obras. Por ejemplo, en un club de lectura de literatura medieval, las lecturas pueden girar en torno a diversas temáticas de ese tipo de textos: la religión, la guerra, los avances tecnológicos de la época, etc.

Cómo organizar un club de lectura

Los clubs de lectura pueden tener inicios diferentes. Algunos comienzan como una actividad curricular obligatoria, otros se inician a partir de la reunión de varios amigos con intereses literarios en común. También puedes comenzar tu propio club de lectura en redes sociales, creando un grupo de Facebook, por ejemplo, e invitando a personas de todo el mundo con gustos literarios similares.

Más allá de la manera particular de comenzar tu club de lectura, lo más importante de todo es la constancia. Mantén el interés de los miembros del club proponiendo actividades interesantes de forma periódica. Puedes hacer que el rol de moderador sea ejercido por distintos miembros, uno cada mes. Esta forma de organización es ideal para fomentar el compromiso y asegurar la permanencia de los miembros.

Todo lector es un escritor en potencia. Muchos miembros de clubs de lectura son también escritores aficionados o profesionales. Hay clubs de lectura integrados de manera exclusiva por escritores que comparten sus obras con los demás miembros y las ofrecen para el debate.

Cada club de lectura tiene su modalidad particular y no existe una única manera de elegir los libros que serán objeto del debate. Lo tradicional es contar con un coordinador o líder del grupo que diga cuáles libros deben leerse para participar del club. También puede haber propuestas de todos los miembros del grupo que después se someten a votación. Existe una manera de escoger libros que combina las dos opciones anteriores: el moderador propone una serie de tres o cinco libros y los miembros del club votan para elegir uno de ellos.

Por qué unirme a un club de lectura

Pertenecer a un club de lectura tiene enormes beneficios para todos sus miembros. En primer lugar, lees más libros y te comprometes a terminarlos en un plazo determinado, puede ser un mes o algunas semanas. Así, aquellos lectores poco experimentados pueden adquirir el hábito de la lectura e incorporarlo a sus vidas.

El club de lectura es una forma de socializar y establecer buenos contactos para tu carrera literaria. Los clubs de lectura son espacios de aprendizaje. Conocer las opiniones de distintas personas sobre un mismo libro te ayudará a expandir tus horizontes y descubrir conceptos que quizás no hubieras imaginado por ti mismo.

Consejos para que un club de lectura funcione bien

#1. Lo más importante es la lectura

Un club de lectura no es lo mismo que un grupo de amigos. En un club de lectura, la actividad primordial es leer libros. Si tu intención es organizar excursiones, ferias o reuniones de otro tipo, quizás el club de lectura no sea la mejor opción.

#2. Grupos de lectura pequeños

Cinco, diez o quince personas son más que suficientes para iniciar un buen club de lectura. Recuerda que el diálogo entre miembros es importantísimo y, si tu club de lectura tiene cien miembros, la comunicación entre todos ellos será difícil, siempre se formarán pequeños subgrupos que podrían causar la disolución del club.

#3. Respetar el compromiso de leer los textos

Si en un club de lectura de quince personas solo dos han leído el libro sobre el que se está debatiendo, el proyecto habrá fracasado. Solo pueden participar del club las personas con un interés genuino, aquellas que leen los textos propuestos.

#4. Enfocarse en un género

El peor error que puedes cometer al iniciar tu club de lectura es no tener una idea clara del género de libros que van a ser leídos. Está bien tener gustos literarios variados, pero en un club de lectura se necesita restringir un poco el panorama y enfocarse en un género, en un autor o en un período literario concretos. Es verdad que, con el paso del tiempo, el foco de tu club de lectura podría variar, aunque conviene empezar con una meta clara.

#5. Contar con un líder del grupo

El moderador ideal de un club de lectura es una persona con conocimientos profundos en literatura, sobre todo del género sobre el que se realizan las lecturas. Puede ser un profesional universitario o un lector aficionado. En todos los casos, esta persona debe tener habilidades suficientes para coordinar las actividades de manera dinámica.

Crecer como escritor en un club de lectura

El club de lectura puede ser un instrumento extraordinario de marketing para escritores independientes. Los miembros de un club de lectura pueden convertirse en tus mejores lectores si dejas una buena impresión en ellos. Los siguientes consejos serán productivos para tu crecimiento como autor a través de los clubs de lectura.

#1. Hablar con tus lectores

Pocas cosas entusiasman tanto a los lectores como el hecho de conocer en persona a sus autores favoritos. Algunos clubs de lectura pagan a los autores para que asistan a sus reuniones y dialoguen con los miembros. Es una experiencia enriquecedora.

#2. Contactar con los clubs de lectura locales

Existen clubs de lectura públicos y privados, en ayuntamientos, en centros culturales o en domicilios particulares. Realiza una búsqueda en internet y descubre los clubs de lectura de tu ciudad. Ofréceles ir a hablar de tu libro de manera gratuita. Es probable que en algunos de ellos te reciban con mucho gusto.

#3. El club de lectura ayuda al boca a boca

Quizás no todos los miembros de un club de lectura compren tu libro, aunque muchos de ellos se llevarán una buena impresión de ti como autor y lo comentarán con amigos y familiares. Estas recomendaciones podrían hacerte crecer como escritor y aumentar el número de ventas de tus libros.

#4. Los miembros de un club de lectura pueden ser tus lectores cero

Si tus presentaciones en clubs de lectura locales van bien, algunos miembros podrían convertirse en tus lectores cero, personas que leen tus obras antes que nadie y te expresan sus opiniones sinceras sobre el contenido. Y, si buscas una opinión y una valoración profesionales sobre tu libro, lo mejor será solicitar un informe de lectura.

#5. Clubs de lectura presenciales y *online*

El espacio no debe ser un problema, los clubs de lectura pueden organizarse en una casa, en la universidad, en un centro cultural o en cualquier otro sitio que cuente con instalaciones adecuadas. También puedes organizar tu club de lectura en línea a través de Facebook, Meet, Zoom o la aplicación que más te guste. La ventaja de los clubs de lectura *online* es que te permiten llegar a muchas personas en cualquier parte del mundo.

#6. Elegir temáticas y autores populares

Los clubs de lectura pueden organizarse en torno a libros de cualquier tipo, aunque es conveniente elegir aquellos con los que más personas se sientan identificadas. Esto no quiere decir que no puedas crear un club de lectura sobre un autor de culto poco conocido. Si lo haces, prepárate para recibir pocos miembros.

#7. Clubs de lectura para descubrir nuevos libros

En literatura nadie tiene la última palabra. Tu club de lectura puede estar bien organizado y enfocado en un autor o una temática hasta que, de repente, tú y los demás miembros conocen un nuevo libro que despierta el interés de todos. No te cierres a los cambios.

#8. Libros baratos y fáciles de conseguir

Este factor suele ser determinante. Los libros más leídos son los más accesibles. Contar con un dispositivo Kindle o similar puede facilitar muchísimo el acceso a las obras elegidas.

#9. Leer un libro al mes en un club de lectura

Una de las modalidades más habituales en los clubs de lectura de todo el mundo es leer un libro cada mes. En algunos clubs más exigentes se lee un libro por semana.

Dialoga con los demás miembros y llega a un acuerdo razonable para todos.

Si alguno de estos consejos no termina de convencerte, he aquí la razón principal para crear tu propio club de lectura: los clubs de lectura son una de las mejores maneras de conectar con tus lectores y establecer un vínculo duradero y de calidad.

Nota de prensa para tu libro

La nota de prensa de un libro es una de las maneras más comunes de difundir el trabajo literario del autor. Escribir y publicar una buena nota de prensa para tu libro con información relevante bien organizada y con gancho podría hacer despegar tu carrera como autor y traerte miles y miles de ventas.

Pero… ¿qué es en realidad la nota de prensa de un libro? ¿Cómo se escribe una nota de prensa que impacte a los lectores? ¿De verdad son efectivas las notas de prensa?

Continúa leyendo y conocerás las respuestas a estos y otros interrogantes. Te enseñamos a escribir una nota de prensa efectiva y te damos las mejores opciones para que se difunda con éxito.

Nota de prensa para escritores

Las notas de prensa sobre libros son todo un clásico en el marketing para escritores. En el modelo de publicación tradicional, las editoriales redactan una o más notas de prensa por cada libro que publican y las envían a los medios de comunicación masivos: radio, televisión, periódicos, etc. Durante las últimas décadas, el mercado editorial ha cambiado de manera radical y las notas de prensa han pasado a ocupar un segundo plano.

Antes de entrar en los consejos para redactar una buena nota de prensa y lograr que llegue a miles de personas, tenemos que hablar de una condición básica para alcanzar el éxito literario. Nos referimos a la promoción, a difundir el libro de manera proactiva. Sin ella, no llegarás lejos. En la actualidad, la oferta de libros es más grande que nunca. En esa multitud de obras, temáticas y autores, destacar es difícil. Pero no es imposible.

La nota de prensa de un libro sirve para comenzar el largo camino del marketing editorial. Contar con una buena nota de prensa es un excelente punto de partida para anunciar el mensaje que quieres transmitir con tu libro y dirigirlo al público específico.

Nota de prensa de un libro: ventajas

La nota de prensa para tu libro tiene, además, estos beneficios:

#1. Tú eliges la información y cómo presentarla

Para vender tu obra debes plantear un buen *storytelling*, un mensaje complementario al libro en sí mismo que te ayude a venderlo. Describe la temática de manera sencilla. Cuéntale al lector cuál es el valor que obtendrá si lee tu libro. Preséntate como un experto en tu nicho y trata de conectar con las emociones del público.

#2. Algunos medios se harán eco de ella

Los medios son ávidos consumidores de noticias. Algunos de ellos (sobre todo los más pequeños y los que están comenzando) reciben con gusto las notas de prensa de autores independientes y las publican sin cobrarles. Ten en cuenta, sin embargo, que no puedes esperar una gran difusión por parte de periódicos «independientes», radios locales y otros medios de escaso alcance.

#3. Refuerza tu marca como autor

Escribir la nota de prensa de un libro es una manera de afirmar que vas en serio. Una nota de prensa bien redactada, que vaya al grano y presente los conceptos con claridad contribuye a afianzar tu marca como autor.

#4. Se hace una vez, se usa muchas veces

Algunos *bestsellers* publicados hace más de cincuenta años siguen utilizando notas de prensa antiguas. ¿Por qué? Pues, porque existen textos con buena capacidad de comunicar que no envejecen nunca y siempre traen nuevas ventas.

#5. Está dirigida a la prensa específica

La nota de prensa no es una acción de marketing masivo, no es un mensaje para el público en general. Al contrario, las notas de prensa de los libros están dirigidas de manera directa a medios especializados en literatura. En ese sentido, al redactar una nota de prensa para tu libro tienes la ventaja de compartir un mismo «idioma» con los receptores de ese texto.

¿Sirve pagar por una nota de prensa?

Sí. De hecho, pagar por nuestro servicio completo de marketing para escritores (incluida una nota de prensa) te ayudará a abreviar tu camino hacia el éxito editorial. La nota de prensa de tu libro aparecerá en sitios web de prestigio, blogs especializados publicarán reseñas e importantes *influencers* literarios presentarán tu obra. Con esta acción masiva, tus ventas despegarán. Además, si realizas una buena labor de marketing de contenidos, tus ingresos como escritor pueden aumentar hasta niveles que nunca imaginaste.

Diferencias entre nota de prensa y noticia

Las noticias son textos escritos por periodistas con el objetivo de informar sobre cierto hecho. El formato es bastante libre. Las notas de prensa, en cambio, son documentos creados por organizaciones o personas que buscan difundir un producto o una idea, con fines promocionales y mediante un enfoque estratégico de la información. El formato de las notas de prensa suele ser rígido.

Tipos de notas de prensa para un libro

Hay varias clases de notas de prensa relativas al libro.

#1. Nota de presentación

Como su nombre lo indica, esta nota informa la fecha, la hora y el lugar en el que se presentará un libro. Es más una invitación que una nota en sí misma.

#2. Nota de lanzamiento

No debe confundirse con la nota de presentación. El lanzamiento es el momento en el que un libro publicado sale a la venta. En las notas de lanzamiento de libros se da una breve sinopsis del texto y se presenta al autor ante los lectores.

#3. Nota de prensa de evento literario

A veces, los autores asisten a eventos literarios como ferias y conversatorios donde firman ejemplares de sus obras. Estos eventos se pueden anunciar con una nota de prensa en la que se informa el cronograma de actividades de la fecha en cuestión.

Cómo escribir una nota de prensa

Si no estás habituado a escribir notas de prensa, es probable que no puedas hacer una buena nota para tu libro en los primeros intentos. En ese caso, puedes acudir a expertos en el tema que te faciliten el camino. Si quieres intentarlo por tu cuenta, estos consejos te ayudarán.

Estructura de una nota de prensa de libro

Vamos a estructurar la nota de prensa de tu libro para comunicar la información de manera fácil y con gancho.

#1. Titular atractivo

No repitas el título de la obra. Por ejemplo, si tu libro se llama *7 dietas poderosas contra el estrés*, el titular de la nota podría ser «Come bien y sé feliz» o cualquier otra frase relacionada con el tema y que apunte a las emociones del lector.

#2. Resumen con técnica de pirámide invertida

La pirámide invertida es la técnica narrativa clásica de los periódicos. Se usa todo el tiempo y funciona bien. Consiste en dar la información más importante al principio y seguir con lo menos relevante hasta terminar con los datos puntuales.

Volviendo al ejemplo del libro sobre dietas, supongamos que el autor tuvo la idea de escribirlo porque fue testigo de un caso real que lo motivó. Imaginemos también que el autor es ingeniero bioquímico especializado en los cambios de humor según la dieta.

Una manera de organizar esta información en pirámide invertida es la siguiente: «Este libro te enseña a aumentar tu inteligencia emocional mediante una dieta saludable. Fue escrito por un experto en la materia. Se basa en casos reales».

#3. Reproducción de la portada y biografía del autor

Un buen diseño de portada se ve bien en la nota de prensa del libro. Debes incluirlo. También puedes agregar una foto del autor y una breve biografía.

La estructura que te mostramos es básica y funciona con libros de todo tipo. Sin embargo, también puedes usar tu imaginación y organizar los contenidos de manera original. Cualquiera sea la estructura que elijas, no pierdas de vista el objetivo de comunicar de manera rápida y eficaz.

Cómo enviar una nota de prensa

Algunos autores realizan envíos masivos de la nota de prensa de su libro a través del correo electrónico. ¿El resultado? Más de una persona marcará los futuros mensajes de ese autor como *spam*. Para enviar la nota de prensa de tu libro, haz una pequeña investigación de medios interesados en la temática sobre la que escribiste y copia sus direcciones de correo electrónico. Ellos constituyen, en principio, el público objetivo de tu nota de prensa.

Enviar notas de prensa es un buen comienzo para darle difusión a una obra literaria, pero no es suficiente. Es imprescindible complementar las notas de prensa con marketing de contenidos que agregue valor a tu audiencia y refuerce tu vínculo con ella.

Cómo difundir mi libro en medios masivos

La respuesta es evidente: pagando. Muchos medios de prensa con millones de interacciones al año te ofrecen la posibilidad de publicar una nota sobre tu libro por un coste accesible. Si necesitas a alguien que se encargue de gestionar el contacto con estos sitios, nosotros podemos hacerlo por ti.

Cómo promocionar un libro

La promoción de un libro es clave para lograr ventas exitosas. Muchos escritores independientes cometen el error de publicar su obra y esperar pasivamente que las ventas surjan por sí solas. Es esencial realizar una adecuada promoción para incrementar el número de ejemplares vendidos. Ignorar el marketing puede resultar en un estancamiento o la falta de despegue en las ventas de tu obra literaria. Es importante saber que promocionar un libro no implica necesariamente un gasto monetario.

Continúa leyendo y conocerás las mejores maneras de promocionar tu libro, incluso sin gastar un solo céntimo.

Estrategias de marketing para promocionar un libro

Las estrategias para vender más libros son diversas y se complementan entre sí. La promoción de libros siempre debe abordarse desde distintos frentes para asegurar la máxima difusión de la obra. De nada sirve, por ejemplo, poner un anuncio para vender tu libro nada más publicarlo y, después, abandonar por completo el marketing literario.

Formas de promocionar un libro: la guía definitiva

Ahora te damos una lista con las mejores prácticas editoriales para promocionar tu libro. Encontrarás una síntesis de todo lo que debes hacer y también de lo que debes evitar para implementar una promoción eficaz de tu libro a bajo coste.

#1. Escribir un buen libro

Este parece un consejo obvio, muchos dirían que es innecesario insistir en él. ¡Se equivocan! Escribir un buen libro lo es todo. Te recomiendo organizar bien los contenidos de tu texto, escribir, dejar reposar, reescribir y pulir. Debes hacer una corrección profesional de la obra y presentarla con una portada atractiva y un maquetado perfecto. Si te saltas estos pasos, todo lo que viene a continuación pierde sentido.

#2. No hacer *spam*

Bien, ya tienes tu libro publicado con gran calidad en papel y en *e-book*. Incluso has conseguido un enlace universal para que tus lectores lo compren con facilidad en su tienda más cercana.

Entonces sientes que se apodera de ti la tentación irresistible de pegar ese enlace en cuanto grupo de Facebook encuentres, de enviarlo a todos tus contactos de WhatsApp una y otra vez y de ponerlo en un mensaje de correo electrónico que enviarás a todo el mundo.

¡No lo hagas! Hacer *spam* de tu libro solo conseguirá fastidiar a los destinatarios de tu publicidad. Muchos de ellos se llevarán una pésima imagen de ti. Hay mejores maneras de promocionar un libro. Te las contamos.

#3. Enfocarse en el público objetivo

Esto puede parecerte un truco, aunque no es más que una buena práctica literaria. No puedes vender un libro si no sabes a quién. Si desconoces a tu lector ideal, te falta una parte importantísima de la ecuación comercial: tú eres quien vende, pero no hay nadie que compre.

#4. Redes sociales

Las redes sociales son nuestro principal aliado a la hora de difundir libros sin gastar dinero. Un grupo de Facebook, una cuenta de Instagram o un canal de YouTube son excelentes plataformas para hacer despegar las ventas de tu libro. Publica imágenes, vídeos y textos de calidad y, sobre todo, sé constante, no dejes en el abandono tus redes sociales después de dos o tres publicaciones.

#5. Utilizar el *e-mail* marketing

El marketing de libros a través del correo electrónico ha probado tener gran eficacia. Aplicaciones como Mailchimp y otras similares pueden ayudarte a gestionar tu lista de correo con facilidad.

#6. Marketing gratis

Al hablar de marketing, muchos escritores piensan en pagar anuncios en periódicos, en radio, en redes sociales, etc. Sin embargo, es fácil promocionar un libro sin gastar dinero, solo debes conocer las mejores opciones y elegir las que estén a tu alcance.

#7. Marketing de contenidos

Hacer la promoción de un libro con marketing de contenidos es una manera genial de conectar con tu público, de construir una audiencia interesada en el tema sobre el que tú escribes. La premisa fundamental de este tipo de marketing es crear contenidos que agreguen valor a tu público, producir información de calidad y presentarla de manera atractiva para enganchar a más lectores potenciales.

#8. Publicidad en línea

Esta es una opción clásica y quizás estabas esperando que habláramos de ella. La publicidad *online* para vender libros tiene la ventaja de que puedes segmentar tu audiencia de manera precisa: ubicación geográfica, edad, temas de interés, actividades cotidianas, hábitos de consumo, etc. Algunas de las plataformas más utilizadas son Instagram Ads y Google Ads. Puedes poner un anuncio por unos pocos euros o dólares y vale la pena hacerlo en algunos casos. Incluso tienes la posibilidad de publicar una nota de prensa para tu libro en medios digitales.

#9. Participación en eventos literarios

Desde el punto de vista del marketing, las presentaciones de libros, las conferencias sobre literatura y los clubs de lectura son ocasiones ideales para concretar ventas. Acércate a estas reuniones o crea tu propio evento. Así podrás establecer un interesante *feedback* con personas interesadas en el tema de tu libro y estrechar los lazos con tu público.

#10. Creación de página web y blog

Cuando los lectores ven que tienes una página web bien diseñada con información de calidad sobre ti y sobre tu obra, descubren que te tomas en serio tu trabajo como escritor. Tener un blog literario es la puerta de entrada a un buen posicionamiento en internet. Escribe artículos interesantes usando palabras clave de tu nicho. Evita cometer errores en tu blog de escritor. Si usas WordPress, el plugin de SEO Yoast tiene todo lo que necesitas para empezar a trepar posiciones en las búsquedas en Google.

#11. Cómo solicitar reseñas y recomendaciones de lectores

La respuesta es sencilla. Hazlo de la misma manera en que harías cualquier otra solicitud: con respeto, con ingenio y con sentido de la oportunidad. Aprovecha noticias o sucesos virales de última hora para etiquetar a tu *influencer* literario favorito e interactuar con él. Esto aumentará tu exposición en redes.

#12. Herramientas de análisis de datos

Las redes sociales cuentan con herramientas para analizar las métricas de sus contenidos: cantidad de visualizaciones, tiempo promedio de visualización, ubicación de los usuarios, edad, género, etc. Si tienes una página web, Google Analytics te dará información vital para mejorar la calidad de tus contenidos. Utiliza toda esta información para hacerte una mejor idea de tu público ideal, sus hábitos de consumo y las estrategias adecuadas para venderle más libros.

#13. Preventa de libros en Amazon KDP

La plataforma líder mundial en venta de libros *online* te permite vender tu obra antes de la publicación. Puedes ponerle un precio especial solo para la preventa y contratar un anuncio de pago para extender el alcance de la promoción.

#14. Promocionar libros con KDP Select

KDP Select cuenta con dos opciones para promocionar tu libro: Countdown Deals y Promoción de libro gratuito. La primera opción consiste en ofrecer un descuento especial mientras dura una cuenta regresiva que los compradores pueden ver en la pantalla. La segunda opción te permite regalar tu *e-book* durante cinco días, cada noventa días. ¿Por qué hacerlo? Pues, porque esas descargas gratis mantendrán alto el interés sobre tu libro y lo harán subir posiciones en el algoritmo de Amazon.

#15. Utilizar las redes de contactos

¿Ya elegiste qué estrategias de promoción son las más convenientes para tu libro? Aquí va un último consejo, no por ello menos importante: utiliza las redes de contactos y canales de distribución para promocionar tu libro.

¿Qué significa esto? Pues, quiere decir que debes hacer un «mapa», un estado de la situación que contemple todas las opciones para promocionar tu libro. Sé realista. Los primeros espacios de difusión serán tu familia y tu grupo de amigos. No te detengas demasiado en ellos, para no abrumarlos. Después, evalúa tu ámbito laboral: ¿existe una posibilidad real de difundir allí tu libro? Sé sincero al responder, no te expongas a situaciones incómodas.

Ahora piensa en tu comunidad, en los lugares donde puede haber lectores potenciales.

Y no olvides capitalizar tus herramientas *online*, sácales provecho a tus redes sociales, a tu página web y a las excelentes promociones que te permite hacer Amazon.

Amazon Ads para escritores

Amazon Ads para escritores es la mejor opción para aumentar las ventas de tu libro en internet. Amazon Ads es la plataforma de anuncios de pago de Amazon, la tienda en línea más grande del mundo.

Continúa leyendo y conocerás todo el potencial que esta herramienta de marketing tiene para ayudarte a crecer como autor. ¡No te lo pierdas!

Amazon Ads y Amazon KDP

Para utilizar Amazon Ads, primero debes publicar tu libro a través de la plataforma Amazon KDP, que es un sistema de publicación directa de libros en internet. ¿Qué quiere decir esto? Pues, quiere decir que todo el proceso se hace en línea sin necesidad de ir a una oficina o de tratar con un editor.

Las siglas KDP significan Kindle Direct Publishing, es decir, publicación directa Kindle. El Kindle es un dispositivo que permite leer libros electrónicos sin dañar la vista. La pantalla se ve casi como papel porque no emite luz. Aunque la experiencia mejora bastante con él, tener un dispositivo Kindle no es indispensable para leer *e-book*s. El móvil, el ordenador y hasta un televisor inteligente son algunos de los dispositivos que te permiten leer *e-book*s.

Para publicar libros en Amazon debes crear archivos especiales y subirlos a la plataforma. La publicación puede hacerse en *e-book*, en papel (tapa blanda y dura) o en ambos formatos a la vez. Los libros de Amazon están disponibles en tiendas de todo el mundo, sin importar el país desde donde se publican. Así, puedes publicar tu libro en Estados Unidos y venderlo en España, o publicarlo en España y venderlo en Japón, en Brasil, en Reino Unido y en casi cualquier país del mundo.

Recuerda que Amazon KDP también te permite publicar libros en papel, como los de toda la vida. Cada vez que alguien compra tu libro en papel, Amazon imprime un ejemplar y lo manda por correo postal al domicilio del comprador. Este sistema de impresión bajo demanda es superior a la manera tradicional de imprimir libros porque te olvidas de la inversión previa, del *stock*, del inventario y de todos los problemas asociados con la impresión de una tirada de libros.

La publicación de libros en línea tiene otras ventajas. Una de las más notables es que puedes realizar anuncios en la tienda de Amazon sin necesidad de recurrir a servicios de terceros, como Google o Meta.

Mi libro no se vende: Amazon Ads es la solución

Escribiste tu libro con esfuerzo y pasión. Contrataste a un corrector de estilo profesional para asegurarte de que todo estuviera perfecto. Hiciste un diseño de portada espectacular. Incluso creaste un blog de escritor y lo mantienes actualizado. Sin embargo, no puedes vender libros. Ni uno. Después de los primeros ejemplares comprados por tus familiares y tus amigos, las ventas se estancaron.

¿Qué vas a hacer? Tienes dos opciones: desechar el trabajo realizado, dejar tu libro perdido en el abandono y olvidarte de él, o poner manos a la obra y hacer lo que se debe para que las ventas de tu libro despeguen. ¿Ya decidiste qué opción vas a elegir? Elige vender más libros. ¡Te lo mereces!

El mejor curso de Amazon Ads

A lo largo de los años, hemos acumulado gran experiencia en el uso de esta plataforma. Muchos escritores autopublicados en nuestra editorial ya comprobaron por sí mismos los resultados espectaculares de vender libros con Amazon Ads.

Debido a la inmensa demanda, no podemos llevar adelante las campañas publicitarias de cada uno de los escritores que publican con nosotros. Por eso hemos decidido lanzar un curso completo para que aprendas a usar Amazon Ads por tu cuenta y le saques todo el provecho a la mejor plataforma de anuncios para libros.

El mejor curso de Amazon Ads es aquel que te enseña a explotar tu potencial y crecer como escritor haciendo campañas simples y efectivas. Ponemos a tu disposición toda nuestra experiencia en el manejo exitoso de esta plataforma. Hemos invertido años y miles de euros en aprender a usar Amazon Ads de manera práctica y queremos compartir ese conocimiento contigo.

Con Amazon Ads, los escritores pueden potenciar las ventas de sus obras en la mayor tienda en línea del mundo.

Amazon Ads para escritores: ¿funciona?

¡Sí! Amazon Ads es la mejor manera de concentrar tus esfuerzos en una sola plataforma de anuncios. Las listas de correo, el marketing de contenidos y otras maneras de llegar a tu audiencia también funcionan, aunque requieren tiempo para mostrar resultados. En cambio, Amazon Ads te brinda la posibilidad de comenzar a vender desde el primer día. ¿Te lo vas a perder?

Cuando haces un anuncio en TikTok o en Instagram, la conversión de clics en ventas no está asegurada. En efecto, la gran mayoría de las personas no usa las redes sociales para comprar libros. Por el contrario, las personas que entran a la página de Amazon lo hacen con intención de comprar, tienen «la chequera abierta», por decirlo de alguna manera, tienen su tarjeta de crédito lista para pagar su compra con un clic.

7 ventajas de Amazon Ads para escritores

Con Amazon Ads, los escritores pueden vender cientos de libros en un día. Estas son las razones principales por las que todo autor independiente debe usar Amazon Ads:

#1. Visibilidad y alcance

Amazon es la tienda más grande del mundo. En ella tienes la posibilidad de llegar a millones de lectores. No hay ninguna tienda en línea que te permita hacer publicidad de tu libro para tantas personas a un coste tan bajo. Así, con una mínima inversión publicitaria, puedes tener una visibilidad inmensa a nivel global.

#2. Segmentación de la audiencia

Segmentar la audiencia es elegir de manera específica a quiénes vas a mostrarles tu anuncio. Consigue más ventas haciendo una segmentación precisa.

#3. Pagas solo por los resultados

Mientras que Meta Ads y otras plataformas de publicidad en línea te cobran cada vez que se muestra tu anuncio, en Amazon Ads pagas solo por clic. Esto quiere decir que puedes mostrar tu libro a cientos de miles de personas y, si nadie hace clic, no pagas nada.

#4. Control de presupuesto

Tú decides cuánto vas a gastar, por cuánto vas a pujar en cada palabra clave. Tienes el control total y, si sabes optimizar las pujas (como te enseñamos en nuestro curso), obtendrás más ventas gastando menos dinero.

#5. Análisis y seguimiento

Esta es otra de las claves de nuestro curso. Amazon te da estadísticas exactas sobre el desempeño de tus anuncios. Conocer esta información es fundamental para hacer campañas rentables. Comprender todas las analíticas de tus anuncios no es sencillo sin un buen tutorial que te ayude.

#6. Impulso a las ventas

El embudo de ventas tiene tres etapas: reconocimiento, interés y conversión. Imagina que pones un anuncio en Instagram. Miles de personas lo ven, reconocen tu producto y tu marca, pero no tienen interés. De esos miles, algunos se interesarán, pero pocos se decidirán a comprar. Usando Amazon Ads, el embudo de ventas se abrevia: partes desde el nivel de la conversión porque tus lectores potenciales ya están en la tienda, es decir, están en la página donde pueden comprar con un clic.

#7. Construcción de marca de autor

Si tienes tres o más libros publicados, puedes hacer anuncios de marcas esponsorizadas. En este tipo de anuncios, tu marca de autor aparecerá cuando se busque determinada palabra clave.

Tipos de campañas

Existen dos tipos básicos de campañas: productos esponsorizados y marcas esponsorizadas. La opción más usada es la primera. Si quieres hacer tu anuncio en la tienda de Amazon de Estados Unidos, puedes elegir una tercera opción: Lockscreen Ads, es decir, anuncios que se muestran en la pantalla de bloqueo del dispositivo Kindle.

Los anuncios de tu libro pueden configurarse de manera automática. Esto quiere decir que Amazon elegirá por ti las palabras clave, los productos y las categorías. Este tipo de configuración es básico y no da los mejores resultados. Para que las ventas de tu libro crezcan usando Amazon Ads, lo mejor es realizar una segmentación manual.

Los anuncios más eficientes de Amazon suelen ser los de palabras clave. Con este tipo de anuncios, tu libro aparece cada vez que los usuarios ponen ciertos términos en el buscador de la tienda.

Amazon Ads rechazó mi anuncio: ¿por qué?

Si bien es poco frecuente, suele darse el caso en que Amazon rechaza alguno de tus anuncios. ¿Qué ha pasado?

Un motivo común es que el texto del anuncio está en un idioma distinto al de la tienda donde lo publicas. Esto quiere decir que, si vas a anunciar tu libro en la tienda de España o de México, el texto del anuncio debe estar en español. Si lo publicas en la tienda de Estados Unidos, debes escribirlo en inglés.

Lee las políticas de aceptación de anuncios de Amazon Ads para escritores. Tómate el tiempo necesario para revisar todas estas directrices sobre anuncios de libros.

Si tu libro habla sobre una cuestión controvertida, como la religión, el sexo u otros temas polémicos, existe la posibilidad de que Amazon rechace tu anuncio. Si esto te sucede, no pierdas la calma. Haz una reclamación a la plataforma y espera una segunda revisión. Es probable que tu anuncio sea aprobado en esta instancia.

Campañas de publicidad para libros de Amazon

A continuación, te explicamos el uso básico de la plataforma Amazon Ads y la mejor manera de emplearla para aumentar las ventas de tu libro en internet. Amazon Ads tiene algunas características similares a otras plataformas de anuncios, como la posibilidad de segmentar la audiencia. Para hacer un uso correcto de esta y otras funciones, necesitas conocer algunas nociones importantes.

Palabras clave, categorías y productos

Estos son los conceptos básicos que debes tener en cuenta si quieres anunciar tu libro en Amazon.

#1. Palabras clave en Amazon Ads

Las palabras clave son expresiones (puede ser una sola palabra o pueden ser varias en una sola frase) que te permiten clasificar tu libro dentro de la tienda de Amazon. Cuando publicas tu libro, Amazon te pide una serie de siete palabras clave que servirán para encontrarlo en las búsquedas. En los anuncios de Amazon puedes elegir las palabras clave que desees y pujar por ellas frente a otros anunciantes.

#2. Categorías de Amazon Ads

Las categorías son otro criterio utilizado por Amazon para clasificar los libros según su contenido. Elegir de manera adecuada las categorías de tu anuncio es un paso fundamental para dirigirlo a la audiencia correcta y obtener buenas ventas. Estos son algunos ejemplos de categorías de libros en Amazon: sociedad y cultura, teoría política, ficción literaria, ficción histórica, etc.

#3. Productos

Las campañas de Amazon Ads te permiten anunciar tu libro vinculándolo con otros similares. Entonces, si escribiste una novela romántica, por ejemplo, tu libro puede aparecer sugerido a lectores de otras novelas románticas. No siempre es fácil descubrir libros similares al tuyo para realizar una campaña de Amazon Ads. En nuestro curso obtendrás herramientas para realizar esto de manera automatizada y eficiente.

¿Buscar palabras clave con ChatGPT?

Muchos escritores sienten la tentación de preguntarle a ChatGPT cuáles serían las mejores palabras clave para hacer el anuncio de su libro en Amazon. Esta es una solución a medias y, en algunos casos, puede conducirte a gastar dinero en anuncios que no tendrán ningún éxito. ChatGPT es capaz de proveerte alguna que otra palabra clave importante para hacer el anuncio de tu libro. Pero, entre esas palabras útiles, ChatGPT pone decenas de otros términos que no te servirán en lo absoluto para aumentar las ventas de tu obra. Las mejores palabras clave para realizar un anuncio de Amazon están en esa misma plataforma.

¿Cómo hacer una campaña de publicidad en Amazon.es?

Estos son los pasos básicos para crear una campaña de publicidad de libros en la tienda de Amazon de España.

#1. Iniciar sesión en Amazon Ads

Lo primero que debes hacer es ingresar a la plataforma en este enlace. A continuación, elige España en el menú desplegable. Inicia sesión en tu cuenta.

#2. Crear campaña de anuncio de libro en Amazon Ads

Elige el tipo de campaña que quieres crear y haz clic en «Continuar».

#3. Elegir el libro o los libros que quieres incluir en tu campaña

Puedes hacer clic en cada libro o buscarlos por su número ASIN (código que Amazon asigna a todos sus productos).

#4. Elegir el tipo de segmentación para tu anuncio

Tienes dos opciones: segmentación automática o segmentación manual. La clave está en saber usar la segmentación manual, ya sea por palabras clave o por productos.

#5. Elegir estrategia de puja de campaña

Puedes hacer pujas dinámicas, que aumentan la cantidad de dinero cuando es más probable que tu anuncio genere una venta y la disminuyen cuando es menos probable que eso suceda. También puedes hacer pujas dinámicas que solo reduzcan el importe cuando la probabilidad de vender baje. Además, existe la posibilidad de hacer pujas fijas, por una cantidad de dinero predeterminada por ti.

#6. Elegir fechas de inicio y finalización de la campaña y asignar presupuesto diario

El último paso consiste en determinar la duración de tu campaña indicando el comienzo y el fin. De manera predeterminada, las campañas comienzan el día en que fueron creadas y continúan desarrollándose de manera indefinida, salvo que pongas una fecha concreta.

Establece un presupuesto diario y haz clic en «Lanza una campaña». ¡Listo, tu campaña de Amazon Ads ha sido creada!

¿Cómo se pagan los anuncios de Amazon Ads?

Cuando te registres, la plataforma te pedirá los datos de tu tarjeta de crédito o débito. El dinero que gastes en los anuncios de Amazon será cobrado de esa tarjeta el día 2 de cada mes. Así, a diferencia de otras plataformas, que te cobran nada más contratar el anuncio, Amazon Ads te cobra en una fecha fija, cuando el anuncio ya está en marcha o ha finalizado. Ten en cuenta que las regalías por ventas se cobran dos meses después de finalizar el mes natural en el que vendiste. Por eso, si vas a invertir en Amazon Ads, debes prever un flujo de caja que te permita pagar los anuncios antes de cobrar las regalías.

Conoce a tu audiencia

La clave está en conocer a tu audiencia y saber segmentar el público al que diriges tu anuncio. Los anuncios automáticos de Amazon Ads no te llevarán lejos. Si de verdad quieres hacer despegar las ventas de tu libro con esta poderosa herramienta, debes realizar una segmentación manual, ya sea por palabras clave o por categorías.

Para descubrir las mejores palabras clave, la primera pista está en Amazon. Busca libros relacionados con el tuyo, de la misma categoría o de categorías similares. También puedes emplear extensiones de navegador que te permitan descubrir los términos más buscados por compradores potenciales de tu libro.

¿Cuál es el mejor tipo de campaña de Amazon Ads?

Responder esa pregunta de manera categórica es un tanto difícil. Todos los libros son distintos entre sí. A su vez, las campañas de Amazon Ads tienen muchas características diferentes que se pueden configurar para lograr un desempeño óptimo.

Sin embargo, conviene señalar que las campañas de palabras clave suelen tener mayor eficacia porque responden de manera directa a la intención de búsqueda del consumidor. Cuando un usuario de Amazon escribe ciertas palabras en el buscador de la plataforma, lo hace porque está buscando un libro, un autor o un tema concretos. Si tu libro aparece en los resultados de esa búsqueda, tienes serias probabilidades de obtener ventas.

Posiciona tu libro en Amazon

Una ventaja extraordinaria que te da Amazon Ads es la posibilidad de mostrar tu libro en la mayor tienda del mundo. Así, incluso en el caso de que no consigas muchas ventas, las personas verán cientos o miles de impresiones de tu marca de escritor.

La cantidad total de ventas que realices a partir de cada anuncio puede variar según la configuración de tus campañas. Prueba distintas palabras clave positivas y negativas. Cambia tus estrategias de puja. Nada mejor que un buen ejercicio de ensayo y error para comprobar por ti mismo cuál es la mejor manera de vender tu libro con Amazon Ads.

Si necesitas ayuda para gestionar tus campañas, puedes contactarnos en **contacto@letraminuscula.com**

Contenido A+ en Amazon KDP

El Contenido A+ de Amazon KDP es una poderosa herramienta de marketing editorial.

Amazon KDP es la plataforma de autopublicación número uno en el mundo. A través de ella puedes convertirte en un auténtico escritor de éxito, siempre y cuando conozcas los trucos para vender más libros en internet.

En este capítulo te enseñamos a usar el Contenido A+ de Amazon para aumentar la exposición de tu obra y hacer crecer el número de ventas.

Continúa leyendo y aprenderás a sacarle el máximo provecho a este tipo especial de contenido.

¿Qué es el Contenido A+ de Amazon KDP?

El Contenido A+ («A más» o «A plus») es un contenido adicional que se incluye en la página de venta de tu libro en Amazon. Allí, Amazon te permite utilizar imágenes, texto y tablas en una variedad de plantillas. El Contenido A+ es una forma de hacer que un producto se destaque, que cause impacto visual y sea más atractivo para los lectores potenciales.

El Contenido A+ se muestra debajo de la información principal de tu libro, es decir, debajo de la portada, la descripción y el precio.

Puedes ver un ejemplo de este tipo de contenido en la página de venta de *Escritor de éxito* en Amazon, un manual que contiene toda la información básica para autopublicar un libro. Una vez que accedas a la página, desplázate hacia abajo para ver el Contenido A+.

La función principal de estos contenidos es agregar más información sobre tu obra. El Contenido A+ de Amazon es útil si has publicado una serie de libros porque te permite mostrar imágenes de todos ellos con descripciones atractivas para los lectores.

Pese a su gran practicidad, pocos escritores utilizan esta poderosa herramienta. Estos autores tienen una ventaja considerable con respecto a los que no usan Contenido A+.

¿Para qué libros puedo publicar Contenido A+ de Amazon?

El Contenido A+ se puede publicar para cualquier libro publicado en la plataforma KDP. Para hacerlo debes ir a la página de marketing de tu cuenta, seleccionar una tienda y elegir la opción de administrar Contenido A+.

Una vez que hagas esto, crea los módulos que quieras, agrega las imágenes y el texto y aplica el código ASIN.

A continuación, revisa el contenido que creaste y envíalo. Si todo está en orden, tu Contenido A+ será aprobado por Amazon KDP y pronto estará disponible en la página de tu libro.

Beneficios de crear Contenido A+ en Amazon KDP

#1. Diferenciar tu libro y tu marca de escritor

El Contenido A+ te destaca de la competencia, te permite aprovechar algo que la mayoría de los escritores de tu nicho pasan por alto.

#2. Apoyar el marketing de tu obra literaria

El Contenido A+ de Amazon KDP es una excusa perfecta para anunciar de manera correcta tu libro. Puedes crear una línea de tiempo, comparar tu obra con otras, hablar de tu universo literario, crear un carrusel de personajes, etc.

#3. Indexar un libro en Google

Cuando creas Contenido A+ estás dando más relevancia a la página de venta de tu libro. Las imágenes y los textos que añadas ayudarán a Google a encontrarlo y mostrarlo en las primeras posiciones de las búsquedas.

#4. Aumentar la tasa de conversión en Amazon KDP

El Contenido A+ inspira confianza sobre tu trabajo como autor y ayuda a los lectores a decidir su compra.

Cuando publicas Contenido A+ estás más cerca de convertir tu libro en *bestseller*.

#5. Ofrecer contenido a tus lectores

Puedes aprovechar el Contenido A+ para crear textos breves e imágenes que agreguen valor a tu público. Deja volar tu imaginación y crea un mensaje atractivo para tu nicho literario.

#6. Tener una imagen de escritor profesional

Usar el Contenido A+ de Amazon KDP es una manera excelente de transmitir confianza a tus lectores mostrando un perfil literario moderno y enriquecido con información útil. Esta es una de las principales razones por las que el Contenido A+ permite aumentar las ventas.

Prácticas prohibidas en Contenido A+

#1. El precio del libro

No incluyas precios o detalles promocionales. Evita palabras como «oferta», «*bestseller*», «promoción especial», «gratis» y otras similares. Están prohibidas.

#2. Datos de contacto

No pongas direcciones de correo, códigos QR ni referencias al envío del libro. No pongas números de teléfono.

#3. Reseñas de clientes

Si vas a utilizar citas textuales en el Contenido A+ de tu obra, asegúrate de leer con atención las Pautas del Contenido A+ para hacerlo de la manera correcta y evitarte problemas con Amazon.

#4. Imágenes protegidas por derechos de autor

Crear Contenido A+ no es solo arrastrar imágenes sacadas de internet y pegarlas en la página de venta de tu libro. Lo mejor es crear imágenes originales, de las que podrás disponer con total libertad.

#5. Enlaces a páginas web fuera de Amazon

Quizás sea una tentación utilizar el Contenido A+ para poner un enlace a tu web de escritor, pero eso va contra las políticas de la empresa.

Te recomendamos seguir al pie de la letra todas las condiciones de Amazon para la creación de Contenido A+.

Tipos de Contenido A+

Los contenidos A+ de Amazon se distribuyen en módulos. Los módulos de Contenido A+ son plantillas prediseñadas donde puedes añadir tus propias imágenes y el texto que elijas. Algunos ejemplos de módulos son los siguientes:

#1. Cuadrante de texto/cuatro imágenes estándar

Esta plantilla te permite poner cuatro imágenes pequeñas en cuadrícula y un texto breve bajo cada una.

#2. Cuatro imágenes y textos estándar

En esta plantilla, las imágenes se distribuyen una junto a otra a lo ancho de la pantalla y cada una lleva texto debajo.

#3. Tres imágenes estándar y texto

Este formato es similar al anterior, aunque el contenido se ve con mayor claridad.

Empezar a crear Contenido A+

El Contenido A+ de Amazon es una herramienta versátil. Si estás acostumbrado a usar procesadores de textos como Word, la mayoría de las opciones te resultarán familiares. La interfaz de usuario es fácil de utilizar y te muestra en pantalla las dimensiones de las imágenes que debes poner en cada parte del módulo elegido.

Características del Contenido A+

#1. Flexibilidad

El Contenido A+ se adapta a tus necesidades de marketing. Puedes elegir entre diversas plantillas y agregar y quitar elementos con total libertad.

#2. Mejora el *engagement*

Cuando los lectores ven una página de ventas optimizada, con imágenes atractivas e información relevante, se dan cuenta de que te tomas en serio tu trabajo como autor. Usando Contenido A+ tienes más probabilidades de vender y comenzar una relación duradera con tu público.

#3. El Contenido A+ de Amazon es gratis

Una ventaja incomparable de este tipo de contenido es que no debes pagar nada para utilizarlo.

#4. ¿Quién puede crear Contenido A+ en Amazon KDP?

Cualquier escritor que tenga su libro publicado en la plataforma puede crear Contenido A+.

#5. Ayuda para crear Contenido A+

Si no cuentas con los servicios de un diseñador gráfico profesional, puedes recurrir a aplicaciones *online* gratuitas para crear y editar imágenes. Canva es una de las más utilizadas en la actualidad.

¿Qué es una reseña literaria?

Saber qué es una reseña literaria es indispensable para emprender una buena difusión de tu libro. La reseña literaria es una de las maneras tradicionales de dar a conocer una obra informando sobre su contenido desde un punto de vista crítico y enriquecedor.

¿Qué son las reseñas literarias? ¿Cómo puede ayudarme una reseña literaria a difundir mi trabajo como autor? ¿Cuáles son los aspectos clave que debo tener en cuenta para conseguir una buena reseña de mi libro?

Continúa leyendo y conocerás las características principales de este importante género discursivo y cómo utilizarlas a tu favor.

Definición de reseña literaria

La reseña literaria es un texto breve hecho por un experto donde se presenta un libro resumiendo su contenido y ofreciendo una opinión crítica acerca de la calidad y la relevancia del texto.

Una reseña literaria es un escrito informativo y argumentativo corto en el que se habla de un libro destacando sus aspectos centrales sin entrar en demasiados detalles. Una buena reseña literaria es aquella que engancha al lector sin hacer *spoilers*.

Como verás, la reseña literaria es una de las maneras básicas de comunicar el contenido de un libro y acercarlo al público. La reseña literaria es parte imprescindible en el kit de prensa de cualquier libro. Por eso es tan importante asegurar la calidad de tu obra: solo así puedes esperar buenas opiniones de críticos especialistas en libros.

Antes, los críticos literarios tenían muchísimo poder y eran capaces de influir de manera significativa en el éxito comercial de un libro. En la actualidad, el panorama es diferente, mucho más democrático, y existe una gran cantidad de opciones para publicar y difundir una reseña literaria que haga crecer las ventas de tu libro como nunca lo soñaste.

¿Quién escribe las reseñas literarias?

Hasta hace algunas décadas, los autores de reseñas eran críticos literarios en el sentido tradicional, estudiosos de la literatura cuya misión era reseñar y comentar los nuevos lanzamientos editoriales para revistas especializadas o para obras académicas.

Hoy, eso ha cambiado de manera considerable y encontramos buenas reseñas literarias escritas por autores de blogs, *influencers* literarios y otros lectores expertos interesados en autores y temáticas puntuales.

Características de la reseña literaria

Como todo género discursivo, la reseña literaria tiene ciertas características importantes que deben tenerse en cuenta en la redacción. Pueden escribirse de muchas maneras, según el público objetivo y el nicho literario de la obra reseñada, pero hay pautas básicas que conviene respetar siempre.

A continuación, te damos las claves principales para escribir una reseña literaria clara, precisa y útil que informe a los lectores sobre el contenido de tu obra y los anime a leerla. Sigue estos pasos para escribir una buena reseña literaria.

#1. Introducción y presentación del autor

Esta parte del texto corresponde al título y la entradilla de tu reseña. Debes mencionar al autor y definir en pocas palabras y con gancho el libro que vas a reseñar. Por ejemplo: «El autor Fulano vuelve a sorprendernos con una conmovedora ficción bélica que te hará cuestionar lo que creías saber sobre la historia de España».

#2. Síntesis con comentario

En esta parte de la reseña, el reseñador recorre el contenido del libro sin adentrarse en detalles y sin hacer *spoilers*. A medida que se desarrolla la síntesis del argumento, se destacan conceptos, personajes y giros de la trama que serán tenidos en cuenta en el juicio crítico de la obra.

#3. Juicio crítico

Esta sección del texto contiene lo más sustancial de la opinión del experto que escribe la reseña. En otras palabras, aquí el crítico literario expone sus argumentos sobre el libro reseñado, indicando fortalezas y señalando aspectos poco satisfactorios (si los hubiera).

#4. Conclusión

Al final de la reseña suele haber una breve conclusión en la que se recogen todos los argumentos expuestos y se da un veredicto: ¿es recomendable este libro?, ¿qué puntuación recibe de 1 a 10?, ¿cumple el autor su promesa de valor?

#5. Ficha técnica

Este apartado es el más sintético de todos, en él se indican título y subtítulo de la obra, nombre del autor, fecha de publicación, cantidad de páginas, editorial, género literario y otros datos técnicos relevantes. Esta parte de la reseña puede ubicarse en distintas secciones del texto, según el estilo del reseñador o las exigencias del medio en el que se publica.

Tipos de reseñas literarias

Teniendo en cuenta el propósito general de la reseña de un libro, esta puede ser de varias clases.

#1. Reseña informativa

Son las más sencillas de todas, contienen más datos que opinión. Las reseñas informativas pueden formar parte de la nota de prensa de un libro.

#2. Reseña literaria crítica

Este es el tipo de reseña por excelencia, la opinión de un experto en libros especializado en la temática de la obra reseñada. Las reseñas literarias críticas suelen publicarse en revistas sobre literatura, ya sean académicas o comerciales, y son escritas por autores de renombre, críticos expertos que tienen gran cantidad de seguidores y un importante poder de influencia.

#3. Reseña de libro en Amazon

Las reseñas de libros en Amazon son valoraciones hechas por los lectores. Cada reseña tiene un puntaje de una a cinco estrellas y va acompañada por una opinión breve sobre el libro. Los compradores de la tienda de Amazon suelen ser bastante sinceros en sus opiniones y, si un libro no les gusta, lo dicen de manera explícita. Por eso es importante cuidar la calidad de la obra, sobre todo en cuestiones de forma como el maquetado y la corrección de estilo.

Diferencia entre reseña literaria y resumen de un libro

El resumen se centra en la trama, el argumento de la historia y los personajes. Un resumen puede abarcar todas las partes de la historia, hasta el desenlace (*spoilers* incluidos).

Una reseña literaria, en cambio, se enfoca en la crítica, en la valoración del texto. En este sentido, la reseña es más subjetiva que el resumen porque contiene opiniones respaldadas por argumentos. La reseña literaria no se limita a resumir la trama, sino que va más allá, al mensaje profundo del texto.

Ahora que has llegado al final de este libro, espero que la experiencia haya sido enriquecedora. La autopublicación es un camino largo, y este manual quiere ser un compañero útil en las muchas etapas que vendrán.

¡Gracias por tu tiempo y por compartir este viaje literario!

9 788410 245051